7个财务模型

〔英〕保罗·劳尔(Paul Lower) 著

刘振山 CFA CVA 张鲁明 译

写给分析师、投资者和金融专业人士

7 FINANCIAL MODELS

FOR ANALYSTS, INVESTORS AND FINANCE PROFESSIONALS

THEORY AND PRACTICAL TOOLS
TO HELP INVESTORS ANALYSE BUSINESSES USING EXCEL

机械工业出版社
CHINA MACHINE PRESS

Excel中的财务模型可以将投资分析师和其他金融专业人士从繁重的财务分析和预测数据中解脱出来。模型有助于他们获得对企业运作方式有意义的洞察,并将注意力集中在提高利润的领域;还可作为测试各种风险对业务绩效造成潜在影响的强大工具。在这本全新的指南中,财务建模专家保罗·劳尔提供了7类电子表格财务模型的分步说明,帮助用户更好地了解业务中的财务数据。借助这套由7类工具组成的套件,财务分析师将能够使用Excel来深入了解业务及其财务数据。

Copyright © Paul Lower

Originally published in the UK by Harriman House Ltd in 2019, www.harriman-house.com.

The Simplified Chinese translation right published in P. R. China by China Machine Press in 2020.

This edition is authorized for sale in China only, excluding Hong Kong SAR, Macao SAR and Taiwan. Unauthorized export of this edition is a violation of the Copyright Act. Violation of this Law is subject to Civil and Criminal Penalties.

本书由Harriman House Ltd授权机械工业出版社在中国境内(不包括香港、澳门特别行政区及台湾地区)出版与发行。未经许可之出口,视为违反著作权法,将受法律之制裁。

北京市版权局著作权合同登记　图字:01-2019-6289号。

图书在版编目(CIP)数据

7个财务模型:写给分析师、投资者和金融专业人士/(英)保罗·劳尔(Paul Lower)著;刘振山,张鲁明译. —北京:机械工业出版社,2020.3(2024.7重印)

书名原文:7 Financial Models for Analysts, Investors and Finance Professionals: Theory and practical tools to help investors analyse businesses using Excel

ISBN 978-7-111-64814-7

Ⅰ.①7… Ⅱ.①保… ②刘… ③张… Ⅲ.①表处理软件-应用-财务管理　Ⅳ.①F275-39

中国版本图书馆CIP数据核字(2020)第030292号

机械工业出版社(北京市百万庄大街22号　邮政编码100037)
策划编辑:李新妞　　责任编辑:李新妞　李　浩
责任校对:郭明磊　　责任印制:单爱军
保定市中画美凯印刷有限公司印刷
2024年7月第1版·第4次印刷
170mm×242mm·11.75印张·1插页·132千字
标准书号:ISBN 978-7-111-64814-7
定价:69.00元

电话服务　　　　　　　　　网络服务
客服电话:010-88361066　　机　工　官　网:www.cmpbook.com
　　　　　010-88379833　　机　工　官　博:weibo.com/cmp1952
　　　　　010-68326294　　金　书　网:www.golden-book.com
封底无防伪标均为盗版　　　机工教育服务网:www.cmpedu.com

关于作者

保罗·劳尔是一名培训师、讲师和作家，专注于研究财务规划与分析以及财务建模与预测。他曾为英国本土客户［包括英国联合食品公司、Reckitt Benckiser（利洁时集团）和 Angel Trains］和中东［包括 SABIC 和沙特阿美公司］客户提供服务，还曾在英国顶级商学院讲授 MBA 课程。

从事培训之前，他拥有 30 多年的从业经历，并在专业领域颇有建树。他曾在 Asda、H. J. Heinz 和 Pfizer 等上市公司供职并积累了丰富经验，之后又在媒体和出版领域的多个大型国际集团担任财务总监。此外，他还在董事会任职多年，在财务规划与分析、公司估值和收购方面具有丰富经验。

保罗·劳尔是英国特许管理会计师协会会员、英国特许全球管理会计师以及领导与管理学院会员。

致 谢

技术作者的工作，就是要撰写出能够让没有很深技术背景和丰富经验的读者也可以清楚理解所讲内容并真正提升技术水平的著作。在此我要感谢 Craig Pearce 和其背后来自 Harriman 出版公司的专家编辑团队，他们为本书提供了许多改进意见，使我的写作思路变得更加清晰。

对于财务建模人员而言，设计一个对用户友好、结构稳固且不会出错的财务模型是一项挑战。这是一项耗时的工作，我非常感谢多年的挚友兼公司同事 Stan Dwight，感谢他对本项工作的慷慨付出，为本书内容的改进提供了很多帮助。

前　言

20世纪70年代是历经巨大历史变革的十年。中东地区爆发矛盾冲突以及石油输出国组织（OPEC）成立，导致了原油价格上涨，世界进入经济增长停滞及高通货膨胀（停滞性通货膨胀）时期，战后持续的经济繁荣就此结束。这一时期的最后几年还发生了另一个重大变革，那就是大型公司使用的昂贵的大型和小型计算机被个人电脑所取代。

1978年，我担任一家公司的管理会计，该公司利用美国太空计划中的一项计算技术对石油地质勘探的重要数据进行高质量分析。有一天，我在公司前台看到12个大箱子，每个箱子上都有一个苹果图案。这些箱子中都是苹果二代电脑，其中一台就分给了财务部。这些设备是区域CEO订购的，当我们问他订购这些设备是想要我们怎么用时，他其实也没有具体想法，但是希望我们可以物尽其用。一些更具冒险精神的财务团队成员还一起合买了BASIC（最早的一种编程语言）编程书，我们已经开始尝试使用电脑来处理繁重的基础数据工作，而之前这些工作一直都是由上千训练有素的财务专业人士使用电子计算器完成的。

随后的几十年，电脑不仅普及到全球各地，而且增长率上涨惊人。发展最快的当属个人电脑和应用软件。微软Excel软件于1985年问世，随后就成了电子表格软件。在此之前还推出了其他比较成功的软件产品，包括Lotus123和SuperCalc。应用软件彻底改变了财务专业人士的办公方式和时间安排。

最重要的是，这些计算机软件加速推动了财务模型在业务预测和决策中的应用。例如，诺贝尔奖获得者经济学家 Modigliani 和 Miller 认为，公司的真实价值是其资产在未来永久产生的现金流量现值的函数，其中已经将资产风险考虑在内。该理论是本书第 10 章公司估值模型的基础。当你有机会学习公司估值模型的具体结构和功能时可能就会发现，对于处在使用大型计算机和简陋计算器那个年代的大多数投资分析师和财务专业人士而言，根本无法完成这种财务建模工作。在过去的 25 年中，股东价值增加（SVA）计算法从提出到成为主流的公司估值法，很大程度上是因为可以在个人电脑上创建这种 SVA 财务模型。

那时，我是一名财务专业人士，已经能够利用这些电子表格软件产品不断扩展升级的功能开发出各种财务模型，工作效率也因此而提高，更重要的是，对于业务决策可能带来的影响以及各种潜在风险对公司业绩的影响，我可以为同事提供更有意义的建议。本书作为一本指南，将会讲解如何设计、构建以及使用一些最实用的财务模型。

本书主要面向投资分析师和财务专业人士，我希望他们可以在自己的从业领域找到实用的财务模型应用案例。作为多年的 MBA 课程客座讲师，我觉得本书的理论回顾部分和建模部分将会对学习 MBA 金融专业课程的人士有所帮助。

对于想要提高自身 Excel 操作水平的人士而言，本书并不是一本"操作指南"。各章节的编写前提是读者已经较好地掌握了 Excel 的操作知识，且实务操作达到中级水平。本书分为 10 章，起始几章主要介绍了财务建模的理论知识以及使用 Excel 创建财务模型的一些实用技巧。后续章节则会对提及的模型逐一进行介绍——复习每个模型所涉及的财务理论知识，并对如何设计和使用模型进行详细讲解。以上大部分内容我都使用了屏幕截图进行说明，且每个模型对应的 Excel 说明都可以从本书 Harriman 出版公司介绍页中列示的官方网站下载（www.harriman-house.com/7finmodels）。

学习本书时，我建议最好先阅读每章的主题回顾，然后再看财务模型，下载 Excel 文件了解模型结构并研究模型各部之间的勾稽关系⊖。当你已经熟悉模型是如何运行的，就可以尝试修改假设条件，看看会对模型主要的输出结果造成何种影响。

我要提醒你的是，这里认为财务模型其实只分两类，即已经发现错误的财务模型和包含隐性错误的财务模型。如果你要将书中任意一个用于教学的财务模型应用到实务中，我强烈建议你一定要对它进行详细测试，以找出剩余的错误，一旦发现错误还请告知我们。

保罗·劳尔
2019 年春

⊖ 读者关注 CVAinstitute 的公众号后，回复"7 个模型"，即可下载本书附带模型。——译者注

关于注册估值分析师（CVA®）认证考试

CVA 考试简介

注册估值分析师（Chartered Valuation Analyst，CVA）认证考试是由注册估值分析师协会（CVA Institution）组织考核并提供资质认证的一门考试，旨在提高投资、并购估值领域从业人员的实际分析与操作技能。本门考试对专业实务及实际估值建模等专业知识和岗位技能进行考核，主要涉及企业价值评估、并购及项目投资决策。考试分为实务基础知识和 Excel 案例建模两个科目，内容包括：会计与财务分析、公司金融、企业估值方法、并购分析、项目投资决策、信用分析、财务估值建模七个部分。考生可通过针对各科重点、难点内容的专题培训课程，掌握中外机构普遍使用的财务分析和企业估值方法，演练企业财务预测与估值建模、项目投资决策建模、上市公司估值建模、并购与股权投资估值建模等实际分析操作案例，快速掌握投资估值基础知识和高效规范的建模技巧。

• 科目一　实务基础知识——是专业综合知识考试，主要考查投资、并购估值领域的理论与实践知识及岗位综合能力，考试范围包括会计与财务分析、公司金融、企业估值方法、并购分析、项目投资决策、信用分析这六部分内容。本科目由 120 道单项选择题组成，考试时长为 3 小时。

• 科目二　Excel 案例建模——是财务估值建模与分析考试，要求考生根据实际案例中企业历史财务数据和假设条件，运用 Excel 搭建出标准、可靠、实用、高效的财务模型，完成企业未来财务报表预测、企业估值和相应的敏感性分析。本科目为 Excel 财务建模形式，考试时长为 3 小时。

职业发展方向

　　CVA 资格获得者具备企业并购、项目投资决策等投资岗位实务知识、技能和高效规范的建模技巧，能够掌握中外机构普遍使用的财务分析和企业估值方法，并可以熟练进行企业财务预测与估值建模、项目投资决策建模、上市公司估值建模、并购与股权投资估值建模等实际分析操作。

　　CVA 注册估值分析师的持证人可胜任企业集团投资发展部、并购基金、产业投资基金、私募股权投资、财务顾问、券商投行部门、银行信贷审批等金融投资相关机构的核心岗位工作。

证书优势

　　岗位实操分析能力优势——CVA 考试内容紧密联系实际案例，侧重于提高从业人员的实务技能并迅速应用到实际工作中，使 CVA 持证人达到高效、系统和专业的职业水平。

　　标准规范化的职业素质优势——CVA 资格认证旨在推动投融资估值行业的标准化与规范化，提高执业人员的从业水平。CVA 持证人在工作流程与方法中能够遵循标准化体系，提高效率与正确率。

　　国际同步知识体系优势——CVA 考试采用的教材均为 CVA 协会精选并引进出版的国外最实用的优秀教材。CVA 持证人将国际先进的知识体系与国内实践应用相结合，推行高效标准的建模方法。

　　配套专业实务型课程——CVA 协会联合国内一流金融教育机构开展注册估值分析师的培训课程，邀请行业内资深专家进行现场或视频授课。课程内容侧重行业实务和技能实操，结合当前典型案例，选用CVA协会引进的国外优秀教材，帮助学员快速实现职业化、专业化和国际化，满足中国企业"走出去"进行海外并购的人才急需。

企业内训

CVA协会致力于协助企业系统培养国际型投资专业人才，掌握专业、实务、有效的专业知识。CVA企业内训及考试内容紧密联系实际案例，侧重于提高从业人员的实务技能并迅速应用到实际工作中，使企业人才具备高效专业的职业素养和优秀系统的分析能力。

✓以客户为导向的人性化培训体验，独一无二的特别定制课程体系；

✓专业化投资及并购估值方法相关的优质教学内容，行业经验丰富的超强师资；

✓课程采用国外优秀教材与国内案例相结合，完善科学的培训测评与运作体系。

考试专业内容

会计与财务分析

财务报表分析是指通过收集、整理企业财务会计报告中的有关数据，并结合其他有关补充信息，对企业的财务状况、经营成果和现金流量情况进行综合比较和评价，为财务会计报告使用者提供管理决策和控制依据的一项管理工作。本部分主要考核如何通过对企业会计报表的定量分析来判断企业的偿债能力、营运能力、盈利能力及其他方面的状况，内容涵盖利润的质量分析、资产的质量分析和现金流量表分析等。会计与财务分析能力是估值与并购专业人员的重要的基本执业技能之一。

公司金融

公司金融用于考查公司如何有效地利用各种融资渠道，获得最低成本的资金来源，形成最佳资本结构，还包括企业投资、利润分配、运营资金管理及财务分析等方面。本部分主要考查如何利用各种分析工具来管理公司的财务，例如使用现金流折现法（DCF）评估投资计划，同时考查有关资本成本、资本资产定价模型等基本知识。

企业估值方法

企业的资产及其获利能力决定了企业的内在价值，因此企业估值是投融资、并购交易的重要前提，也是非常专业而复杂的问题。本部分主要考核企业估值中最常用的估值方法及不同估值方法的综合应用，诸如 P/E, EV/EBITDA 等估值乘数的实际应用，以及可比公司、可比交易、现金流折现模型等估值方法的应用。

并购分析

并购与股权投资中的定量分析技术在交易结构设计、目标企业估值、风险收益评估的应用已经愈加成为并购以及股权专业投资人员所必须掌握的核心技术，同时也是各类投资者解读并购交易及分析并购双方企业价值所必须掌握的分析技能。本部分主要考核企业并购的基本分析方法，独立完成企业并购分析，如合并报表假设模拟、可变价格分析、贡献率分析、相对 PE 分析、所有权分析、信用分析、增厚/稀释分析等常见并购分析方法。

项目投资决策

项目投资决策是企业所有决策中最为关键、最为重要的决策，是指企业对某一项目（包括有形、无形资产、技术、经营权等）投资前进行的分析、研究和方案选择。本部分主要考查项目投资决策的程序、影响因素和投资评价指标。投资评价指标主要包括内部收益率、净现值和投资回收期等。

信用分析

信用分析是对债务人的道德品格、资本实力、还款能力、担保及环境条件等进行系统分析，以确定是否给予贷款及相应的贷款条件。本部分主要考查常用信用分析的基本方法及常用的信用比率。

财务估值建模

本部分主要在 Excel 案例建模科目考试中进行考查，包括涉及 EXCEL 常用函数及建模最佳惯例，使用现金流量折现方法的 EXCEL 财务模型构建。它要求考生根据企业历史财务数据，对企业未来财务数据进行预测，计算自由现金流量、资本成本、企业价值及股权价值，掌握敏感性分析的使用方法，并需要考生掌握利润表、资产负债表、现金流量表、流动资产估算表、折旧计算表、贷款偿还表等有关科目及报表勾稽关系。

考试安排

CVA 考试每年于 4 月、11 月的第三个周日举行，具体考试时间安排及考前报名，请访问 CVA 协会官方网站 www.CVAinstitute.org。

CVA 协会简介

注册估值分析师协会（Chartered Valuation Analyst Institute）是全球性及非营利性的专业机构，总部设于香港，致力于建立全球金融投资估值的行业标准，负责在亚太地区主理 CVA 考试资格认证、企业人才内训、第三方估值服务、研究出版年度行业估值报告以及进行 CVA 协会事务运营和会员管理。

联系方式

官方网站：http：//www.cvainstitute.org

电话：4006 - 777 - 630

E - mail：contactus@ cvainstitute.org

新浪微博：注册估值分析师协会⊖

协会官网二维码　　　　微信平台二维码

⊖ 读者关注 CVAinstitute 的公众号后，回复"7 个模型"，即可下载本书附带模型。——译者注

目 录

关于作者

致谢

前言

关于注册估值分析师（CVA®）认证考试

第 1 章　财务建模及 Excel 基础知识 … 001

财务模型的用处 … 001

财务模型——它们是什么以及如何将它们的作用发挥到极致 … 002

使用 Excel 电子表格软件进行财务建模 … 002

财务建模过程中的最佳操作 … 003

创建优质财务模型的 10 个步骤 … 003

如何利用 Excel 创建最佳财务模型的操作建议 … 005

第 2 章　理解和使用财务报表 … 008

理解财务报表 … 008

编制财务报表的目的 … 008

一些重要的会计学概念 … 009

财务报表的结构 … 010

比较不同公司的财务状况 … 016

第 3 章　模型 1：关键的财务指标 … 018

财务指标模型 … 019

主题回顾——财务分析工具 … 020

五年数据汇总概述 … 021

利润表分析 ... 022
资产负债表分析 ... 023
比率分析 ... 024
投资收益（ROI）... 024
盈利能力比率 ... 025
净投资资本收益率（RONC）... 026
效率和营运资本比率 ... 027
流动性比率 ... 030
融资结构和风险比率 ... 032
股东收益比率 ... 033
现金流量比率 ... 036
比较不同公司的财务指标 ... 038

第 4 章　模型 2A：销售收入预测 ... 039

识别时间序列数据中的趋势和其他变化 ... 039
销售预测模型 ... 043
使用 Excel 函数提取时间序列数据中的趋势 ... 044
计算季节和随机变动 ... 046
计算一个季节指数 ... 047
延长销售预测趋势 ... 047
调整季节性变化趋势 ... 048

第 5 章　模型 2B：成本预测 ... 049

因果分析 ... 049
为数据添加最优拟合线 ... 051
运用相关性概念测试变量之间的关联程度 ... 052
使用 Excel 中的 CORREL 函数 ... 053

成本预测模型 ... 053
　　使用 Excel 函数识别可变成本和固定成本 ... 054
　　相关性和因果关系 ... 056
　　预测维护成本 ... 056
　　插值和外推 ... 058

第 6 章　模型 3：现金流量预测 ... 060
　　现金流量预测模型 ... 061
　　主题回顾——了解公司现金流量 ... 062
　　现金流量预测 ... 071
　　现金流量预测模型中的输入性假设 ... 073
　　经营性现金流预测部分 ... 075
　　投资活动和融资活动 ... 077
　　使用现金流量预测模型测试风险对现金流量
　　　的影响 ... 078
　　现金流量预测模型中的全部输出结果 ... 079

第 7 章　模型 4：定价和利润 ... 081
　　定价和利润模型 ... 081
　　主题回顾——了解定价和利润 ... 082
　　定价和销量决策 ... 087
　　该方法的局限性 ... 089
　　定价和利润模型工作簿 ... 090

第 8 章　模型 5：投资决策 ... 099
　　投资决策模型 ... 100
　　主题回顾——现金流量折现和资本投资决策 ... 101

投资决策的相关成本和收益 ... 109
使用哪种贴现率 ... 110
DCF 和通货膨胀 ... 110
DCF 投资分析——实践方法 ... 111
投资决策模型工作簿 ... 114

第 9 章　模型 6：财务报表预测 ... 122

财务报表预测模型 ... 122
主题回顾——风险对财务绩效的影响 ... 123
模拟建模 ... 125
预测财务报表以进行敏感性分析 ... 127
财务报表预测模型工作簿 ... 129

第 10 章　模型 7：公司估值 ... 146

公司估值模型 ... 146
主题回顾——公司估值 ... 147
股东价值增加法（SVA）估值 ... 149
关键的股东价值驱动因素 ... 150
经营性资产估值 ... 151
计算经营性资产的剩余价值 ... 152
公司估值模型 ... 153
DMT_2Z 产品利润率假设 ... 157
其他输入性假设 ... 157
EBITDA 分析 ... 157
SVA 模型 ... 163

第 1 章
财务建模及 Excel 基础知识

在学习本书中的 7 个财务模型之前,我们需要先了解一些基础信息。本章分别介绍了几个与财务模型有关的内容,并告诉你如何操作。这些都是为后续的学习奠定基础。

第 1 章,我们首先来谈谈为什么说财务模型是有用的,微软的 Excel 软件究竟为建模工作带来了怎样的变化,建模过程中的最佳操作,创建优质模型的 10 个步骤,最后再来说说如何利用 Excel 得到最佳结果。

财务模型的用处

不能衡量的事物是无法管理的,这是一条公认的商业原则。很多关键性的经营绩效都是通过财务数据来衡量的。

例如,很多公司都将创造和提升股东价值作为高级战略目标。这里可以基于关键的财务绩效驱动因素使用多种方法来测算:净利润、现金流、投入资本及资产管理效率,另外还可以评估公司的财务实力、财务结构和相关风险。

因此,对于任何公司而言,有效的财务管理和决策都依赖于对历史数据的分析和对未来业绩的预测。这正好为财务模型提供了用武之地,其能够快速自动地处理之前需要手动计算的数据,数据处理时间大幅缩短,使得人们可以将重点放在对财务模型输出结果的解析上。

财务模型——
它们是什么以及如何将它们的作用发挥到极致

设计模型其实就是在创建某样东西的复制品。一个模型旨在复建标的物的关键属性，这通常是为了便于分析标的物的关键特征。例如，我们通过一个计算机生成的建筑模型，就可以对设计的关键点进行评估，而无须真的建设它。财务模型可以展示不同模拟情况下的财务表现。例如，为了进行公司价值评估，可以创建收入与成本驱动因素之间的模拟变动关系。还可以利用模型测算各种证券组合的收益，或一项计划投资项目的成本、风险和财务收益。

财务模型可应用于各种情况。高级复杂的电子表格软件，例如微软Excel的开发和升级，为驱动因素模型的应用提供了基础，这类模型可以快速处理各种模拟情景下的数据，并为财务决策和风险管理提供支持。在本书中，我列举了7个驱动因素模型。

使用 Excel 电子表格软件进行财务建模

Excel 其实就是电子表格应用程序。在过去的 30 年间，它彻底改变了财务数据分析以及经营和投资决策方式。

例如，财务专业人士已经转用电子表格软件进行公司价值评估。基于公司未来预计的现金流量折现值对股东价值进行分析，已经成为公司价值评估的一种常规做法。尽管该方法在 20 世纪 60 年代就已经被提出，但直到 Lotus123 和微软 Excel 软件问世，投资分析师才终于能够通过创建财务模型来预测现金流量，并轻松测算各种风险影响因素对估值结果的敏感性程度。

财务建模过程中的最佳操作

无论是使用 Excel 还是其他程序创建的财务模型都应具有如下特征：

- **结构**：输入性假设是所有必要计算的基础，基于它们才能获得模型输出结果。模型的输入项和输出项会分开列示。
- **一致性**：模型的结构、布局及组成具有一致性。
- **灵活性**：财务模型中所有的假设项都可以轻松修改，并不是只有一组固定的假设条件。
- **它们是动态的**：任何一个输入的假设项发生变化，输出结果都会自动变化；因此，模型提供的并不是一个静态报告，它是一个灵活强大的工具，可用于评估假设条件变化所带来的影响。
- **它们会利用变量之间的因果关系**：当模型中的一个变量值与另一个变量之间存在很强的因果关系时，输入变量和输出结果之间就更容易建立联系。比如一个评估石化公司的模型，很多计算都会与原油的市场价格联动，因为原油价格是原材料成本的重要影响因素。
- **清晰易懂**：会使用简单明了的公式，以便于理解。
- **准确性**：不会过度复杂或包含不必要的内容。

创建优质财务模型的 10 个步骤

由于建模工作都要求在一定期限内完成，且电子表工具功能强大，因此人们总想立即开始创建财务模型，但是惨痛的经验揭示了一个事实，那就是仓促创建的财务模型一定会在某个时候让你难堪——例如，当你正在向投资委员会做报告时，模型曝出问题和设计缺陷。

按照以下步骤操作创建出的财务模型不仅可以获得需要的输出结果，还可以在确定相关业务驱动因素以及各因素之间的因果关系之后，对影响输出结果的驱动因素以及它们对风险和不确定性的敏感程度做出有价值的分析。

1. **确定使用者**：你是唯一的使用者还是有其他人也会使用你的财务模型？其他使用者需要修改财务模型吗？他们想从财务模型中获得什么？

2. **确定目的**：创建模型的目的是什么，用途是什么，使用者究竟要用模型来验证什么？不同使用者对模型的关注点可能也会不同。

3. **设定输出结果**：从确定输入项开始创建模型似乎看起来更加符合逻辑，但是实际上，先确定想要的输出结果再创建财务模型，才是最高效的建模方式。因为这样更容易确定计算过程中所需的输入项和数据。

4. **设定计算**：获得想要的输出结果需要进行哪些计算？在计算中需要建立和使用哪些因素之间的因果关系，才能生成想要的数据？

5. **设定输入项**：除了从机构的历史数据中获得信息外，还需要从其他渠道获得哪些原始数据？需要设置哪些假设？真正影响模型输出结果的关键性驱动因素有哪些？

6. **设计**：如何构建模型？从设置输入项到获得模型输出结果的过程中，需要用到哪些电子表格功能和公式？一个模型最后是成为强大的决策工具还是沦为生成错误、不一致或不确定结果的难懂难用的废品，与是否精心对模型的架构进行设计有很大关系。

7. **示意图**：对于更大更复杂的模型，首先应运用简单的流程图工具生成一个示意图，大致介绍一下模型在输入数据、数据处理与功能性以及输出结果方面都是如何设置的，这对于第一次使用模型的人会比较有帮助。

8. **创建**：现在就可以基于清晰的设计规划和流程示意图创建模型了。对于早期投资应该相对简化建模过程。如果其他人也会使用模型，最好对计算和输出结果设置保护，而且输入项单元格不要设置保护，以便模型使用者使用。

9. **记录**：一个优质的财务模型应该记录说明所需的数据来源，模型是如何运行的，以及在哪里可以找到和如何解释关键的输出数据和结果。如果模型设计者以外的其他人使用模型，则上述记录就更为重要。将上述文档放在工作簿清单的第一页，有助于使用者了解模型。

10. **测试**：财务建模有个默认规则，就是模型只分为两类：即已经出现问题的模型和问题尚未暴露的模型。开始构建模型的过程中问题可能并不明显，到了测试阶段则会基于不同假设和情景来测试模型，其目的就是为了消除问题。请其他同事来测试模型可能有助于发现问题，他们对模型所采用的测试方式可能是作为设计者的你不会用的。在找出问题并解决它们之前，花时间去测试模型是非常值得的。

如何利用 Excel 创建最佳财务模型的操作建议

Excel 是一个功能强大且灵活的电子表格软件工具，但这既是优势也是劣势：函数编写和报告格式化设置的繁多选项，使得生成的模型各式各样、很难统一，使用者不明白模型是如何运行的，也不明白调试究竟需要花多长时间。以下建议将帮助你避免不足并生成可靠的模型：

- **常规方法**：研究一种创建 Excel 模型的常规方法。
- **与同事合作**：共享模型，并让团队成员对新工作簿进行审查和测试。
- **始终为模型使用者和阅读者着想**：如果模型仅供你和你的团队使用，由于大家都对模型的具体情况比较了解，可能记录文件就会少一些，对电子表和单元格设置保护的必要性也会降低。如果是本部门以外的非财务人员使用工作簿，则需要注意记录和对文件内容的保护。
- **力求简单**：尽管人们总是喜欢使用 Excel 强大的功能编写复杂的嵌套公式，但仍要力求简单。为模型的使用者着想，就应该让模型尽量简单而不是复杂，尤其是在公式的编写上。
- **允许扩展和开发**：确保可以在不修正公式的情况下轻松插入行和列。
- **检查合计数**：如果是按行计算的合计数，则应逐列检查和比较合计数。检查结果可以隐藏，如果需要，也可以进行相关设置，以后只要发现差异就会自动报错。
- **尽量避免直接输入数值**：为了保持模型的动态特性，你需要保证模型所有的计算数值都应该是基于独立的假设数据计算而得，或者是其他数值的合计数。
- **输入数据电子表应与报告数据电子表分开列示**：请用单独一张电子表来归集数据和数据输入项。再用另外一张电子表列示报告数据且要对它们设置保护。
- **表格的颜色和格式设置应保持简洁**：这样可以使电子表中的重要部

分突出显示。另外，还要保持格式样式的一致性。例如，输入项单元格字体通常是蓝色的。

- **不要合并单元格**：合并单元格会导致一些公式生成异常结果，还会导致排序和筛选功能无法使用。
- **记录工作簿**：保证使用你工作簿的任何人都能了解工作簿的用途、结构以及具体操作。其中还包括一个工作簿中正在使用的名称列表以及它们对应的用途。
- **谨慎使用宏**：即使采用简单地录制宏，也会让不太熟悉 Excel 的使用者感到头疼。复杂的 VBA 宏程序可能比较难理解，即使对具备一些 VBA 编程知识的使用者来说亦是如此。如果你必须要使用宏，应保证将宏步骤完整地记录下来。
- **使用 IFERROR 函数以避免对错误值返回错误信息**：比较常见的例子是，如果一个公式是用一个数字除以 0，就会返回#DIY/0! 这个错误提示信息；基于一列数字计算百分比时经常会出现上述情况。如果你的工作簿中出现这类错误，可能会把不太熟悉 Excel 操作的使用者弄糊涂，这时使用 IFERROR 函数就可以用空格或 0 替代错误信息。
- **对你的工作簿进行严格测试**：在基于新电子表格发送报告之前或将报告提供给其他人使用之前，应确保你已经对电子表格所有的功能和计算都进行过测试。本书介绍的 7 个模型及其创建过程都是按照上文列示的最佳操作建议进行的。遵循操作指引，你会在后续的建模过程中逐步完成这些操作。

第 2 章
理解和使用财务报表

理解财务报表

财务分析和创建财务模型所需的大部分数据均来自财务报表。很多情况下,财务模型架构就是基于这些财务报表数据来确定的。本章将对财务报表的每项信息、结构以及各部分之间的关系进行复习。如果你对财务报表的相关内容比较熟悉,可以跳过本章。

编制财务报表的目的

编制财务报表就是向使用者反映一家公司的财务状况,即提供从一个时期到下一个时期的财务状况变化信息。这些信息可用于评估测算公司获得现金的能力以及现金流量产生的时间和确定性。获取现金的能力对于公司的生存和健康发展至关重要,它决定了公司是否有能力向贷款方、供应商以及雇员付款。另外,编写财务报表是公司管理者向股东汇报管理成效和表示对其负责的一种方式。

财务状况

公司的资金来源、财务结构以及偿债能力和流动性都会对其财务状况产生影响。公司资金来源信息以及历史管理使用记录,对于判断公司未来产生充足现金流量的能力还是很有用的。

财务结构的相关信息——包括债务和股权资本——有助于预测公司未来的贷款需求。

公司财务状况的变化信息对于评估该期间内公司的投资、融资和经营活动情况，以及现金需求和现金获取能力都非常有用。

财务绩效

公司财务绩效方面的信息，尤其是反映获利能力的财务信息，对于评估未来盈利能力、未来盈利点的潜在变动情况，以及如何有效利用这些资源，都是非常有用的。

一些重要的会计学概念

在编制财务报表以测算和呈现一些重要信息的过程中，会涉及一些概念和规则。这些概念的运用使得财务报表在某些时候变得非常有用，比如，基于财务报表，可以对一家公司的盈利来源情况以及与债务水平匹配的盈利能力做出谨慎判断。但是从另一个角度来说，应用这些概念编制的财务报表数据又很难反映公司公允的市场价值。

权责发生制

财务报表是基于权责发生制编制的。这意味着相关的资金交易在发生时就在财务报表中确认了，而不是在相关的现金流量真正流入流出时才确认。也就是说，某一时期内的收入是在产生或给消费者开具发票时就确认的。同样，某一时期内的费用是在发生时确认，且会与获得的收入相匹配。

谨慎性原则

像应收账款这种非现金资产形成的利润都不能在财务报表中确认,这意味着应在财务报表中针对所有欠款计提准备金,即使无法确认具体金额和发生时点也是如此。也正是因为这一点,所以必须谨慎估计相关金额。不得利用该原则私设小金库隐匿准备金,以试图操纵利润。

持续经营的概念

财务报表的编制基础是假设未来公司会持续经营,且预计不会进行清算。这与公司资产估值有关。当一家公司被迫清算而出售全部资产时,通常很难按照资产的市场价值将其售出。谨慎性原则要求任何预计的资产减值都必须反映在财务报表中。

一致性原则

这要求公司在当前和下一个会计年度中都采用相同的会计处理方法。任何会计科目处理方式上的变动都必须在财务报表中进行披露,且要对以前会计年度的同期数值进行追溯调整。

财务报表的结构

每个经营活跃的公司其经济活动都会比较频繁,而业务金额和发展速度则取决于公司的性质和规模。具体说明请参见图2-1。

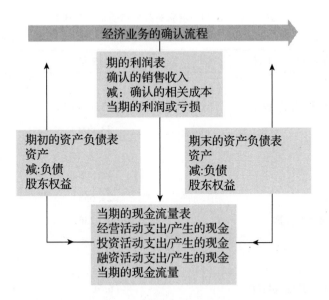

图2-1 经济业务的确认流程

下面就基于经济业务的确认流程介绍以下这三张基础财务报表。

1. 资产负债表——财务状况表

在经济业务确认流程中的任何时点都可以抓取一张公司财务状况的快照。所谓快照其实就是指资产负债表。当然,也可以随时抓拍公司的其他快照,以反映不同的财务状况。

每张资产负债表都会列示公司资产(拥有的东西),减负债(需要偿还的东西)得到的差额会计入股东权益[译者注]。以上三个部分之间恒定不变的关系可用下面这个恒等式来表示:

$$资产 - 负债 = 股东权益$$

下面以虚构的 ACME 贸易有限公司的资产负债表为例(见表 2-1)。

[译者注] 也称为所有者权益。——译者注

表 2-1　ACME 贸易有限公司的资产负债表

（单位：千英镑）

截至 12 月 31 日	2015 年	2014 年
非流动资产		
物业、厂房和机器设备	33,700	34,800
	33,700	34,800
流动资产		
存货	41,795	36,580
应收账款	24,658	22,630
现金及现金等价物	236	73
	66,689	59,283
流动负债		
应付账款和其他应付款	(6,765)	(6,013)
短期借款	(4,640)	(4,640)
当期应交税费	(1,080)	(1,353)
	(12,485)	(12,006)
流动资产净额	54,204	47,277
非流动负债		
长期借款	(4,029)	(8,019)
净资产	**83,875**	**74,058**
股本	30,000	30,000
留存收益	53,875	44,058
股东权益	**83,875**	**74,058**

　　各公司编制的资产负债表可能在格式上会有所不同，但通常都会采用这种垂直排列方式，且列示的内容基本相同，下面我们就来看看资产负债表的各项内容。

资产

非流动资产或固定资产，是公司拥有的可以用于经营的东西。物业、厂房和机器设备就属于这一类，它们都是有形资产。首次购买非流动资产时，会按照其成本在资产负债表中进行确认，然后在后续的会计年度中，该数值会逐渐降低以反映固定资产耗损贬值的情况，这意味着，有时资产负债表中记录的固定资产价值可能大幅低于其重置成本或市场价值。如果资产负债表中的该数值低于资产的公允市场价值，有些公司可能就会一次一次地重估资产价值。

现金及其他资产，像存货（库存）以及应收账款，都是预计会在 12 个月内转化成现金的，所以属于流动资产。生产和销售或买卖商品的公司，可能会将大量现金转化成原材料、半成品以及产成品。预售商品时，这些存货就会变成应收账款，等客户付款后应收账款就会变成现金，然后现金又会逐渐变成存货。该过程就是一个贸易周期。

负债

流动负债包括公司必须要在 12 个月内支付的欠款——通常是欠供货商的货款、需要支付的税金，如果公司必须要在接下来的 12 个月内偿还一笔欠款，则也应将其计入流动负债中。

任何超过 12 个月的贷款和其他类型的应付账款都应计入非流动负债。还有一些是公司为未来可能发生的债务提取的准备金，也会计入非流动负债。比如，为可能发生的诉讼提取的准备金。

负债之所以重要，是因为任何公司是否可以存续下去，就取决于其对短期和长期债务的偿还能力。公司的负债金额、债务对股权金额的比例，以及公司偿还债务利息的能力都直接影响对公司财务实力的评估结果，银行或其他机构是否愿意借钱给公司也是基于此。

资产负债表的局限性

编制财务报表时采用的会计核算概念和准则会使其对公司财务状况的表述信息存在局限性。在对财务报表进行分析和说明时一定要考虑这一点。例如，有价值的品牌可能是在市场推广和广告方面投资多年才培育起来的，但是依照会计准则，市场推广成本属于期间成本而不是一项资产，所以在核算利润时要将这部分投资作为成本费用从收入中扣除。正因为此，一些经过多年市场推广的全球顶级品牌并没有作为一项资产出现在它们公司的资产负债表中。

由于财务报表的编制遵循谨慎性原则，所以只有当利润转化成现金时才会进行会计确认。对于资产而言，也只有能够确认其成本时才能在资产负债表中进行确认。这就意味着资产负债表中可能不包含某些无形资产（例如品牌、客户关系以及人才资源）。像 Google 和 Facebook 这类现代企业，无形资产在市场价值中占比是非常高的，这就导致这些公司资产的市场价值和其资产负债表中显示的金额之间存在巨大差异。

2. 利润表

利润表核算的是资产负债表期初到期末这段时期内的利润或亏损金额。利润或亏损金额是用该期销售收入扣除成本计算的。

下面以 ACME 贸易有限公司的利润表为例（见表 2-2）。

表 2-2 ACME 贸易有限公司的利润表

（单位：千英镑）

截至 12 月 31 日	2015 年	2014 年
销售收入	120,000	118,000
销货成本	(77,160)	(73,160)
毛利润	42,840	44,840

(续)

截至 12 月 31 日	2015 年	2014 年
管理费用	(29,100)	(27,600)
营业利润	**13,740**	**17,240**
融资成本	(650)	(840)
税前利润	13,090	16,400
所得税	(3,273)	(4,100)
税后利润	**(9,817)**	**(12,300)**

利润表底部会显示利润或亏损的最终计算结果。

利润是衡量股东价值创造的指标。它可能会以现金形式分配给股东，即分配股利，或留存在公司并计入股东权益。

这里的重点是要理解利润和现金流量核算的不同之处。

利润和现金流量核算的不同之处

利润是基于开具发票时确认的销售收入和为了获得该收入所产生的成本计算的，而不是基于实际获得和支出的现金计算的。计算利润时会扣除资产在整个使用寿命期间的折旧费用。然而，这个会计上确认的折旧费对于现金流量不会产生任何影响。

3. 现金流量表

现金流量衡量的是该期间经营活动、投资活动和融资活动导致的公司现金余额变化。计算现金流量时会考虑许多计算利润时未考虑的科目。例如，发行的股本、银行贷款和还款金额。

下面以 ACME 贸易有限公司的现金流量表为例（见表 2-3）。

表 2-3　ACME 贸易有限公司的现金流量表

（单位：千英镑）

截至 12 月 31 日	2015 年	2014 年
营业利润	13,740	17,240
折旧	3,600	3,600
EBITDA	17,340	20,840
存货（增加）/减少	(5,215)	(7,000)
应付账款（增加）/减少	(2,028)	(4,466)
应收账款（减少）/增加	752	983
营运资本（增加）/减少	(6,491)	(10,483)
支付所得税	(3,546)	(3,861)
经营活动产生的现金流量净额	**7,303**	**6,496**
购置厂房和机器设备	(2,500)	(2,500)
投资活动产生的现金流量净额	**(2,500)**	**(2,500)**
偿还贷款	(4,640)	(4,640)
融资活动产生的现金流量净额	**(4,640)**	**(4,640)**
现金及现金等价物净变动额	163	(644)

比较不同公司的财务状况

投资者可能会发现，将不同公司的财务报表进行对比，有助于识别哪些公司的管理和业绩更好。管理者们可能也会发现，将自己公司的业绩与竞争对手发布的数据进行对比，就可以知道还需要在哪方面改进。但直接对比财务报表数据可能会比较困难，这里还需要进行一系列调整，例如：

- 遵循美国会计准则、国际会计委员会（IASB）编制框架以及各国会计准则的公司之间，其财务报表的编制存在众多差异。

- 管理者都是遵循自己公司使用的会计政策确认折旧和存货的。两家公司的财务报表数据可能会因采用的会计政策不同而存在差异。
- 不同公司的财务报表中,对品牌和其他无形资产的处理方式可能不同。购买无形资产时会按照成本在资产负债表中确认,后续会定期参照公允市场价值对资产价值进行测试,如有需要则会确认减值。另一方面,公司经营过程中形成的内部无形资产通常不会在其资产负债表中确认。

第 3 章
模型 1：关键的财务指标

我们发布财报，主要是为了满足公司上市地与所在的证券交易所以及国家（地区）监管机构提出的外部报告要求。

上市公司的财务报表中提供了大量信息。例如，2016 年 BP 财报中的报告页和附注页加在一起就非常厚。然而，要想对该公司的财务业绩和财务实力进行全面评估，以上信息还不够。

财务分析就是进一步挖掘一家公司在某个持续经营期间的业绩信息——无论是在投资者争夺的金融市场，还是在争相销售产品和提供服务的消费者市场。一家公司要想获得持续成功，这两方面就必须都要做好。

财务分析会重点关注发生变化的地方。尽管财务分析并不能解答关于公司的所有疑问，但确有助于对公司提出更恰当、更有针对性的问题，而在回答这些问题时，财务分析可以为你展现公司经营业绩和实力的全景图。

因此，我们要使用的第一个模型就是关键的财务指标模型。使用过程中，我们会运用财务报表中的关键性财务数据构建一个基础数据库，以计算一系列财务比率。只要建立了数据库并输入了财务比率的计算公式，以后的操作就比较容易了，每次只要将新获取的公司数据添加到数据库中，再复制比率公式，就可以获得一系列财务指标。上述操作使得财务分析过程高度自动化，这样一来，使用者就可以重点关注模型对分析结果的解析。

在讲解财务指标模型的创建和使用时，我使用了英国联合食品有限公司（ABF）的数据。ABF 是一家多元化的跨国食品、食品添加剂零售公司，被纳入 FSTE100 指数且旗下拥有众多英国本土知名品牌，其中包括 PRIMARK。该公司的年报可以从网上获得。

财务指标模型

- **使用者**：财务分析师或投资分析师通常会使用该模型自动进行财务分析。
- **用途**：计算一系列具有可比性的财务指标，在此基础上就可以全面了解一家公司的财务绩效和实力。管理层还可以基于分析结果重点关注某些领域，以改善提升财务绩效和股东价值。
- **输出**：五年关键性数据汇总概述；对利润表和资产负债表中的关键数据进行纵向和横向分析，以对比盈利能力、营运资金使用效率、流动性、资本结构、股东收益及现金流量相关的财务比率。
- **计算**：计算百分比和财务比率。
- **输入**：从公布的财务报表和 Bloomberg.com 中读取有用的信息。
- **设计**：输入数据表是一个从发布的财务报表和 Bloomberg.com 上读取数据及信息构建的财务数据库。四个计算和输出结果电子表包括：
  - 概述
  - 利润表分析
  - 资产负债表分析
  - 财务比率

本章后面将会展示财务指标模型的几个部分。请使用 Excel 工作簿：财务指标模型——"ABF 公司.xlxs"以查看各个实例中的计算公式。

主题回顾——财务分析工具

在详细介绍财务指标模型的创建过程之前，我们需要先复习一下财务分析工具以及模型中使用的各类财务指标的用途。当我第一次对一家公司的财务状况进行分析时，会按部就班地绘制出公司财务业绩和实力的全景图。首先，我会进行一些极为重要的数据概述，并介绍它们这些年来的变化。然后，我将按照下文中的方法计算各类财务指标。

财务分析是在财务报表的基础上构建能够描述公司财务状况的全景图。模型计算所需的大部分数据均来自这些财务报表及报表附注。这里使用的股票收盘价是从 Bloomberg.com 上提取的，这类信息也可以从雅虎财经或 FT 网站上获取。生成输出结果所需的全部数据都会输入到输入数据库电子表中——计算/输出结果电子表都会从这个输入数据表中读取数据。

表 3-1 中列示的就是模型数据库中需要的一些财务数据，这些在财务分析模型中就属于输入。

表 3-1　英国联合食品公司的财务数据

（单位：百万英镑）

	2015 年	2014 年	2013 年	2012 年	2011 年
销售收入	12,800	12,943	13,315	12,252	11,065
销货成本[1]	9,771	9,793	10,095	9,292	8,347
营业利润	947	1,080	1,093	873	842
财务费用	61	73	100	114	101
可分配给股东的利润	532	762	591	555	541
非流动资产	6,423	6,846	6,921	6,971	7,039

(续)

		2015 年	2014 年	2013 年	2012 年	2011 年
存货		1,827	1,631	1,581	1,500	1,425
应收账款		1,176	1,293	1,342	1,236	1,259
现金及现金等价物		702	519	362	391	341
其他流动资产		144	183	139	142	138
贷款及透支额中的短期部分		319	358	394	538	729
应付账款		2,226	2,046	1,881	1,752	1,627
其他流动负债		197	280	251	298	186
贷款中的长期部分		577	607	772	914	897
可分配给股东的权益		6,336	6,437	6,133	5,834	5,748
经营活动产生的净现金流		1,166	1,439	1,276	1,240	736
收盘价[2]	便士	3,053.3	2,564.9	1,747.1	1,224.8	1,036.3
稀释后的每股收益	便士	67.3	96.5	74.8	70.3	68.7
每股股利	便士	35.0	34.0	32.0	28.5	24.8
发行股数	百万	790	790	790	789	788

[1]取自财务报表附注 2。
[2]取自 Bloomberg.com：距离资产负债表日期最近的股价。

五年数据汇总概述

第一步就是设置一个概述，如表 3-2 所示，需要从财务报表中提取相关的科目。设置概述是一个比较好的做法，可以将一些关键性的财务指标集中显示在一张电子表中。这个概述并不全面，但可以让你对公司的经营状况有一个快速大致的了解。

表 3-2 英国联合食品公司的财务报表结果概述

		2015 年	2014 年	2013 年	2012 年	2011 年
销售收入	百万英镑	12,800	12,943	13,315	12,252	11,065
营业利润	百万英镑	947	1,080	1,093	873	842

(续)

		2015 年	2014 年	2013 年	2012 年	2011 年
可分配给股东的利润	百万英镑	532	762	591	555	541
净资产	百万英镑	7,849	8,146	8,213	8,190	8,389
净资产收益率		12.1%	13.3%	13.3%	10.7%	10.0%
债务比率		11.4%	11.8%	14.2%	17.7%	19.4%
收盘价	便士	3,053.3	2,564.9	1,747.1	1,224.8	1,036.3
每股收益	便士	67.3	96.5	74.8	70.3	68.7
每股股利	便士	35.0	34.0	32.0	28.5	24.8
每股经营性现金流	便士	147.6	182.2	161.5	157.2	93.4

利润表分析

这里使用了两个简单的技术，以计算具有可比性的关键财务指标，并找出财务数据在五年内的变化趋势。垂直分析或同比分析是计算各种财务指标与一个基数的百分比，正如下面的案例，这个基数通常就是销售收入。在表3-3中的"占销售收入的百分比"部分就是一个垂直分析。经过处理，ABF的数据就具有可比性了：由此可知，由于2015年销售收入较低不仅导致了营业利润下降，利润率也更低，这也从某种程度上解释了毛利率为何更低。

横向分析或趋势分析计算的是每个关键性财务指标一年的变动百分比，这样更容易判断出某个时期内数据的变化趋势。表3-3中"较上一年的变动百分比"计算的就是变动百分比。横向分析使ABF的销售收入与毛利润和营业利润的变动更易比较。

表3-3 英国联合食品公司的利润表分析

(单位：百万英镑)

	2015年	2014年	2013年	2012年	2011年
销售收入	12,800	12,943	13,315	12,252	11,065
毛利润	3,029	3,150	3,220	2,960	2,718
营业利润	947	1,080	1,093	873	842
可分配给股东的利润	532	762	591	555	541
占销售收入的百分比					
毛利润	23.7%	24.3%	24.2%	24.2%	24.6%
营业利润	7.4%	8.3%	8.2%	7.1%	7.6%
可分配给股东的利润	4.2%	5.9%	4.4%	4.5%	4.9%
较上一年的变动百分比					
销售收入	(1.1)%	(2.8)%	8.7%	10.7%	
毛利润	(3.8)%	(2.2)%	8.8%	8.9%	
营业利润	(12.3)%	(1.2)%	25.2%	3.7%	
可分配给股东的利润	(30.2)%	28.9%	6.5%	2.6%	

资产负债表分析

资产负债表中的关键数据也可以进行同比分析，以表3-4为例。

表3-4 英国联合食品公司的资产负债表分析

(单位：百万英镑)

	2015年	2014年	2013年	2012年	2011年
净投资资本①	7,849	8,146	8,213	8,190	8,389
非流动资产	6,423	6,846	6,921	6,971	7,039
流动资产	3,849	3,626	3,424	3,269	3,163
除银行贷款之外的流动负债	2,423	2,326	2,132	2,050	1,813
净营运资本	1,426	1,300	1,292	1,219	1,350
债务	896	965	1,166	1,452	1,626

(续)

	2015 年	2014 年	2013 年	2012 年	2011 年
占净投资资本的百分比					
非流动资产	81.8%	84.0%	84.3%	85.1%	83.9%
流动资产	49.0%	44.5%	41.7%	39.9%	37.7%
除银行贷款以外的流动负债	30.9%	28.6%	26.0%	25.0%	21.6%
净营运成本	18.2%	16.0%	15.7%	14.9%	16.1%
债务	11.4%	11.8%	14.2%	17.7%	19.4%

①净投资资本＝非流动资产＋净营运资本（净流动负债中不包括银行贷款的部分）。

比率分析

比率就是利用两个财务指标之间的关系更好地反映公司的财务业绩和实力。另外，比率更容易在各年度和各公司之间进行比较。不同类别的比率对财务绩效的侧重点也各不相同。

下面我就来介绍几组比率。

投资收益（ROI）

ROI 是一个基础的财务概念。投资者的资金追求的是最佳收益率，但不同的投资其对应的风险也会不同，所以收益必须要匹配风险。风险与收益的关系请参见图 3-1。

投资者感觉风险越大，要求的收益就会越高。但是即使认为没有风险，投资者仍会要求收益，因为未来所获得现金的价值要比今天持有现金的价值低，这就是所谓的"货币的时间价值"，其代表了其他消费和投资机会方面的损失。投资者可能会在通货膨胀时期要求额外的收益。

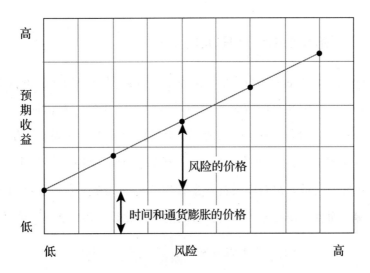

图 3-1 风险与收益的关系

盈利能力比率

当公司投资资本收益大于资本成本时，就会为股东创造价值。许多盈利能力比率中提到的公司利润就是指各项投资资本收益。

表 3-5 列示了 ABF 公司的三个关键性盈利能力比率。这些比率及它们之间的关系会在下文中说明。

表 3-5 英国联合食品公司的比率分析（一）

	2015 年	2014 年	2013 年	2012 年	2011 年
盈利能力比率					
净投资资本收益率①	12.1%	13.3%	13.3%	10.7%	10.0%
利润率	7.4%	8.3%	8.2%	7.1%	7.6%
净投资资本周转率	1.63	1.59	1.62	1.5	1.32

①净投资资本＝非流动资产＋净营运资本（净流动负债中不包括银行贷款的部分）。

净投资资本收益率（RONC）

RONC 计算的 ROI 是用息税前的营业利润除以公司的净投资资本。通常，公司的资本中既有股权资本也有债务资本，债务资本包括银行贷款、融资租赁和公司债券。投入公司的资本会转化为非流动（固定）资产和净营运资本（现金、存货和应付账款），最后就形成了净投资资本。RONC 是一个较好的衡量公司对净投资资本管理效率的比率。它不受公司融资方式的影响，而且方便在各年和各公司之间进行比较。RONC 计算公式如下：

$$净投资资本收益率 = \frac{营业利润}{净投资资本} \times 100\%$$

净投资资本计算如下：

$$净投资资本 = 非流动资产 + 流动资产 - 流动负债$$

如果公司有计息债务要在资产负债表日前的 12 个月内偿还，则应计入流动负债。营运资本中不包括长期债务中需要在短期内偿还的债务，应将其从流动负债中剔除以计算净投资资本。ABF 的案例中已对此进行了调整。

利润率和净投资资本周转率这两个比率有助于你进一步理解 RONC 的含义。这三个比率之间的关系如下：

$$净投资资本收益率 = 利润率 \times 净投资资本周转率$$

利润率

利润率就是计算公司销售商品能够获得的利润。

$$利润率 = \frac{营业利润}{销售收入} \times 100\%$$

净投资资本周转率

净投资资本周转率反映的是投资资本转化成销售收入的能力。它也是衡量公司资产管理效率的指标。

$$净投资资本周转率 = \frac{销售收入}{净投资资本}$$

成本结构、竞争因素和其他因素的不同，导致了不同行业公司的利润率和资产周转率存在显著差异。不过，如果一家公司某一年的利润率或投资资本周转率较另一年发生重大变化，就需要进行进一步分析和说明。

有时 RONC 会基于财务年度的平均净投资资本投资额来计算。为简单起见，在模型中会基于资产负债表期末数值来计算净投资资本。上述两种计算方法都可以。更重要的是，在与上一年数据和其他公司的数据进行比较时，应该使用相同的计算方法。

效率和营运资本比率

另外，还有两个比率可以让你进一步了解净投资资本周转情况的驱动因素。它们就是固定资产周转率及营运资本周转率。

表 3-6 列示了六个能够反映公司资产管理效率的比率。

表 3-6　英国联合食品公司的比率分析（二）

	2015 年	2014 年	2013 年	2012 年	2011 年
资产使用效率比率					
固定资产周转率	2.0	1.9	1.9	1.8	1.6
营运资本周转率	9.0	10.0	10.3	10.1	8.2
存货周转天数	68	61	57	59	62
应收账款周转天数	34	36	37	37	42
应付账款天数	83	76	68	69	71
营运资本循环周期	19	21	26	27	33

固定资产周转率

该比率衡量的是公司非流动资产的管理效率。

$$固定资产周转率 = \frac{销售收入}{固定资产}$$

营运资本周转率

营运资本周转率衡量的是营运资本的管理效率。

$$营运资本周转率 = \frac{销售收入}{流动资产 - 流动负债}$$

营运资本使用效率

营运资本使用效率衡量的是公司应收账款、存货以及应付账款的管理水平。它们还可以反映公司投入的营运资本是过多还是过少。营运资本投入过多,净投资资本周转率就会下降,结果就会获得更低的净投资资本收益率。但是,营运资本投入不足可能说明存在流动性问题——当营运资本低于行业平均水平,就可能提示赊购过多,流动资产难以满足流动负债的偿还要求。

存货周转天数（DSI）

这是一个衡量存货管理水平的好方法,计算结果会显示存货卖出平均需要多少天。该指标并没有一个正确数值,但是用当年的数值与上一年进行对比,再与同行业内的公司进行对比,就会获得有用的信息。

$$存货周转天数 = \frac{存货}{销货成本} \times 365$$

应收账款周转天数（DSO）

该比率测算的是公司从客户那里收回现金所需的天数。公司所处行业以及国别（地区）不同，其贸易合同中的信用条款也会不同。

$$应收账款周转天数 = \frac{应收账款}{销售收入} \times 365$$

应付账款周转天数（DPO）

该比率与 DSO 类似，可以判断公司是充分利用还是过度利用了供货商的信用额度。

$$应付账款周转天数 = \frac{应付账款}{销货成本} \times 365$$

营运资本循环周期

这些因素共同决定了现金循环周期或营运资本循环周期的长度，衡量的是从接受客户订单到收到客户所付现金的平均时长（见表 3-7）。

表 3-7 营运资本循环周期

（单位：天数）

存货平均周转天数	X
+应收账款平均周转天数	X
-应付账款平均周转天数	(X)
=营运资本周期	X

各种财务指标如何影响和改善 ROI

图 3-2 中的财务比率框架图说明了各种重要的财务驱动因素是如何影响投资收益（ROI）的。该图显示了如何通过提高利润率和净投资资本周

转率的驱动指标来改善盈利能力和 ROI。例如，在不影响客户服务和竞争力的情况下，不管存货和应收账款减少多少，都会改善现金流量并增加现金储备。任何盈余现金都可用于支付股息，其结果将是减少资产净值（同时减少股东权益）并提高 RONC。

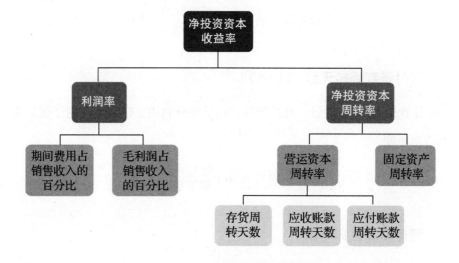

图 3-2 财务比率框架图

另外，盈余资金可用于产品创新和开发，这样虽然所需时间更长，但也会提高产品的销售量，从而提高利润和投资回报率。同样，毛利润的上升和间接费用的减少也会提高利润率，从而提高 RONC。

流动性比率

流动性比率反映的是公司对短期负债的偿还能力。这里涉及两个比率：流动比率和速动比率。

表 3-8 列示的就是这两种常被用来衡量公司流动性的财务比率。

表3-8 英国联合食品公司的比率分析（三）

	2015年	2014年	2013年	2012年	2011年
流动性比率					
流动比率	1.4	1.35	1.36	1.26	1.24
速动比率	0.74	0.74	0.73	0.68	0.68

流动比率

流动比率衡量的是现金及可以在12个月内转化成现金的其他资产对12个月内就要到期的短期负债的偿还能力。计算流动比率时，长期应还债务中一年内到期的部分也属于流动负债。

$$流动比率 = \frac{流动资产}{流动负债}$$

速动比率

速动比率仅考虑能够快速变现的资产，所以计算该比率时会剔除存货。

$$速动比率 = \frac{现金 + 应收账款}{流动负债}$$

通常，公司的流动资产至少应该等于或大于流动负债。但是有些行业内公司的速动比率却常小于1。例如，一家超市的速动比率是0.6并不罕见，这种情况是因为消费者支付的是现金，且供货商延长了信用期限。这类公司获取现金的能力很强，所以通常其无法偿还到期债务（无法偿还的法律界定）的风险比较小。

流动性比率过高可能提示公司存货和应收账款的管理水平比较低，可以用上文中介绍的营运资本使用效率比率来查找这方面的问题。也有可能是公司积累了大量现金，但暂时又没有合适的投资机会。人们可能会对管理层无法制订有效的发展战略或无意进行产品创新感到担忧。

融资结构和风险比率

融资结构和风险比率衡量的是公司的财务实力。

表3-9中的两个比率测算的是公司的偿债能力——即偿还长期负债的能力。

表3-9 英国联合食品公司的比率分析（四）

	2015年	2014年	2013年	2012年	2011年
资本结构比率					
财务杠杆比率	11.4%	11.8%	14.2%	17.7%	19.4%
利息覆盖率	15.5	14.8	10.9	7.7	8.3

资产负债比率或债务比率

资产负债比率或债务比率衡量的是公司对长期负债的偿还能力。资产负债比率（美国称为杠杆比率）是衡量公司使用的资本中债务的占比，其中债务是指"付息债务总额"。

$$资产负债比率 = \frac{付息债务总额}{资本总额} \times 100\%$$

无论公司的利润和现金流量如何，都必须要偿还贷款利息和本金，所以，基于公司的债务水平也可以评估未来贷款方或投资者所面临的风险。

利息覆盖率

利息覆盖率用于衡量公司用营业利润偿还应付利息的难易程度。

$$利息覆盖率 = \frac{营业利润}{应付利息}$$

股东收益比率

这类比率衡量的是公司股东收益,反映了股价、股利和利润之间的关系。

表3-10列示的是站在公司股东角度考虑的三个财务比率。

表3-10 英国联合食品公司的比率分析(五)

	2015年	2014年	2013年	2012年	2011年
股东收益比率					
股东权益收益率	8.4%	11.8%	9.6%	9.5%	9.4%
市盈率	45.4	26.6	23.4	17.4	15.1
股利率	1.1%	1.3%	1.8%	2.3%	2.4%

股东权益收益率(ROE)

ROE衡量的是股东能够获得的税后利润占股东权益的比例。

$$股东权益收益率 = \frac{能够分配给股东的税后利润}{股东权益} \times 100\%$$

ROE是一个有用且简单的指标,可用其衡量公司的盈利能力。ROE会受到销售收入中的净利润率与资产使用效率的影响,这与上文中提到的RONC会受到净利润率和净投资资本周转率的影响类似。但不同的是,ROE还会受到债务与权益资本比的影响。下面就来介绍这些影响ROE的因素,并说明杜邦分析如何揭示各种因素对ROE影响的。

杜邦分析三步法

杜邦公司于20世纪20年代首次确定了影响ROE的三个因素之间的关

系。他们对 ROE 分析进行了扩展，突出了盈利能力对于 ROE 的潜在驱动影响。杜邦分析三步法将 ROE 拆分成了三部分。

1. **经营效率**：以利润率来衡量。
2. **资产使用效率**：以总资产周转率来衡量。
3. **杠杆**：以杠杆系数来衡量。

表 3-11 列示的是 ABF 公司的杜邦分析结果

表 3-11 英国联合食品公司的比率分析（六）

	2015 年	2014 年	2013 年	2012 年	2011 年
杜邦分析					
利润率	4.2%	5.9%	4.4%	4.5%	4.9%
总资产周转率	1.2	1.2	1.3	1.2	1.1
杠杆系数	1.6	1.6	1.7	1.8	1.8

ROE 的三个组成部分以公式表示的关系如下：

$$ROE = 利润率 \times 资产周转率 \times 杠杆系数$$

使用杜邦分析三步法

杜邦分析的三个组成部分计算如下：

$$利润率 = \frac{能够分配给股东的税后利润}{销售收入} \times 100\%$$

$$总资产周转率 = \frac{销售收入}{总资产}$$

$$杠杆系数 = \frac{总资产}{股东权益}$$

下面的案例展示了，与另一家公司相比，利润率和资产使用效率较低的公司是如何凭借较高的杠杆系数获得相同 ROE 的（见表 3-12 和表 3-13）。

表 3-12　资产负债表（一）

（单位：千英镑）

	ABC 公司	XYZ 公司
总资产	25,000	25,000
股东权益	5,000	10,000

表 3-13　利润表

（单位：千英镑）

	ABC 公司	XYZ 公司
销售收入	10,000	15,000
净利润	2,000	4,000
股东权益收益率	40%	40%

杜邦分析三步法的计算结果如下（见表 3-14）：

表 3-14　资产负债表（二）

	ABC 公司	XYZ 公司
净利润率	20%	27%
资产周转率	0.4	0.6
杠杆系数	5.0	2.5
股东权益收益率	40%	40%

杜邦分析说明，虽然从 ROE 的计算结果来看，两家公司似乎创造了相同的股东价值。但 ROE 的计算公式的分解却存在显著差异。ABC 公司的利润率和资产使用效率都没有 XYZ 公司好，但是其利用较高的杠杆系数提升了 ROE。换言之，尽管 ABC 公司的资产收益率较低，但公司资产中来自股东的融资占比较小，且获得息税后利润的比例比 XYZ 公司高。

每股收益（EPS）

EPS 衡量的是一个财政年度内每股已发行股票（如果有，还包括优先股）对应的税后利润。如果一年中有增发新股，则使用加权平均股数来计算 EPS。

市盈率（P/E）

股价会受公司预期利润等因素的影响。市盈率反映了市场对公司利润质量和可持续性以及未来潜在增长情况的判断。该比率越高，相比其未来利润而言，公司获得的市场估值就越高。

$$市盈率 = \frac{每股市场价格}{每股收益}$$

股利率

对于更加关注每股收益而非股价增长潜力的股东而言，股利率是一个重要的衡量指标。

$$股利率 = \frac{每股股利}{每股股价} \times 100\%$$

现金流量比率

现金流量表提供了有助于评估公司净资产及其财务结构变化的信息。基于现金流量比率，能够进一步了解公司的流动性和偿付能力，有助于评估公司获得现金的能力。与基于利润进行的测算不同，不同公司所采用的不同会计政策并不会影响现金流量比率。

表3-15列示了四个现金流量比率，它们有助于评估公司从销售收入中获得现金的能力，以及现金对于公司负债的覆盖程度。

表 3-15 英国联合食品公司的比率分析（七）

	2015 年	2014 年	2013 年	2012 年	2011 年
现金流量比率					
经营现金流量比率	0.4	0.5	0.5	0.5	0.3
股价/现金流量比率	20.7	14.1	10.8	7.8	11.1
销售现金流量比率	9.1%	11.1%	9.6%	10.1%	6.7%
现金流量负债比率	35.1%	43.7%	38.7%	35.4%	21.4%

经营现金流量比率

现金流量揭示了一家公司的现金进出情况，以及如何能够满足债务的偿还要求。换言之，它是一个衡量短期流动性的指标。经营现金流量比率将公司当年经营活动产生的现金流量与其年末的流动负债进行比较。计算结果反映了公司利用一年经营活动所产生的现金偿还短期债务的难易程度。

$$经营现金流量比率 = \frac{经营活动产生的现金流}{流动负债}$$

股价/现金流量比率

与更常用的市盈率相比，该比率有时可以更好地反映公司的价值。它将公司的股价与每股产生的现金流量进行比较。

$$股价/现金流量比率 = \frac{每股市价}{每股产生的经营性现金流}$$

销售现金流量比率

销售现金流量比率衡量的是公司经营活动产生的现金与销售收入之比。该比率高，表示公司有能力将销售收入转换为现金。

$$销售现金流量比率 = \frac{经营性现金流}{销售收入} \times 100\%$$

现金流量负债比率

现金流量负债比率将公司的经营性现金流量与债务总额进行比较，其中的债务总额包括应付账款、长期债务中的短期部分以及长期债务。该比率说明了公司使用年度经营性现金流偿还全部债务的能力。

$$现金流量负债比率 = \frac{经营性现金流}{债务总额} \times 100\%$$

比较不同公司的财务指标

比较不同公司的财务指标对我们可能会有帮助。投资者可能会觉得此方法很有用，能够用来识别管理完善、业绩更好的公司。经理们可能也会觉得该方法很有用，他们可以用自己公司的计算结果与竞争对手进行比较，以评估自身绩效的高低，并找出可能需要改进的地方。不过，进行财务指标对比的重点是，要知道不是所有指标都可以直接进行比较，公平比较之前可能需要进行一些数据调整。例如：

- 许多国际化大公司会经营跨国、跨地区的多种业务，这可能对收入、成本结构以及资产和营运资金需求产生影响。财务报告可能未提供足够的信息，所以无法基于可比较的财务指标进行详细的各部门分析。
- 根据母公司的所在地，国际化大公司可能会使用美国会计准则、欧洲（IFRS）会计准则或其本国会计准则。这可能会导致某些科目的处理方式存在重大差异。例如，金融工具和租赁合同。
- 公司采用的会计政策可能会导致折旧和存货等科目的确认方式存在重大差异。
- 品牌和其他无形资产的处理方式会严重影响资产净值。购买的无形资产会按调整后的成本确认在资产负债表中，而公司内部形成的无形资产却不会在资产负债表中进行确认。

第 4 章
模型 2A：销售收入预测

通常，会运用财务模型对销售量和销售收入进行简单的预测，以帮助公司进行决策。当趋势和其他变化因素比较稳定，且预计未来状况与历史数据收集期的情况大致相同时，从分析历史数据开始进行销售数据预测是比较合适的。如果可以获得多年数据，则可以进行时间序列分析，以识别数据间的各种变化。

识别时间序列数据中的趋势和其他变化

时间序列数据是一段时间内的一系列数值，对其进行分析可以确定：

- **周期性变化**：由贸易和经济事件等因素引起的中期周期性变化。
- **季节性变化**：由一年内不同时点的某些因素引发的短期波动。
- **随机变化**：与季节或周期性模式或长期趋势无关的多种因素引发的数据变化。
- **趋势**：可以在多个时期内观察到的上升或下降趋势。如果预计未来情况与历史数据类似，则可以沿用此趋势并以此作为预测的基础。

从图 4-1 的销量图中可以看到以下变化：

- 从 2008 年到 2009 年，全球金融危机对销售的周期性影响。

- 整个时间序列中重复出现了季节性销售变化。
- 从 2010 年开始，销售持续上升。

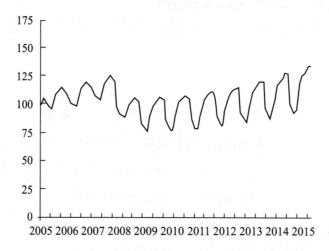

图 4-1　2005～2015 年季度销售数据（单位：千英镑）

运用 Excel 图表识别趋势

下面这组时间序列数据是一家公司连续 20 个季度的销售数据（见表 4-1）。

表 4-1　连续 20 个季度销售数据

（单位：千英镑）

	1	2	3	4
2010 年	362	264	482	635
2011 年	432	322	552	715
2012 年	493	373	628	793
2013 年	560	433	708	887
2014 年	623	479	779	980

在这五年期间，数据和增长似乎呈现出季节性变化。使用 Excel 绘制图表后，这些变化就会更加清晰（见图 4-2）。

- 从屏幕顶部的菜单中选择"插入"选项。
- 单击"图表"部分中的"折线图"选项。

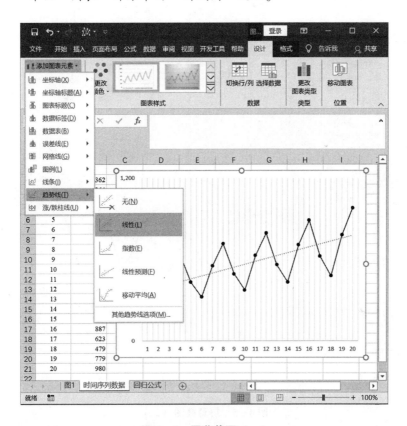

图 4-2　屏幕截图（一）

由图 4-2 可知季度销售水平具有明显的周期性变化特点，且呈现出上升趋势。Excel 可以在图中添加一条所有数据的"最佳拟合线"即趋势线。具体操作如下（见图 4-3）。

- 单击图表中的任意位置。这样就会显示 Excel 图表工具。
- 单击"设计"选项卡以显示添加图表元素选项卡。
- 单击"添加图表元素"下拉列表以显示更多选项。

- 选择"趋势线"以显示趋势线图表选项。
- 选择下拉列表中的"线性"选项。

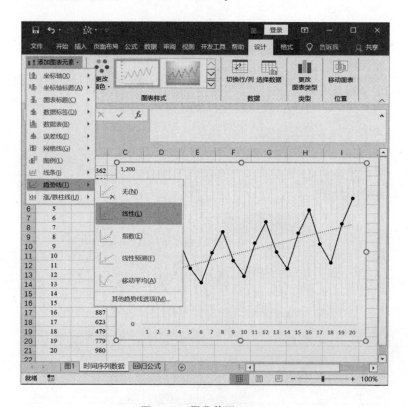

图 4-3 屏幕截图(二)

Excel 使用了称为线性回归的统计学方法计算和绘制趋势线上的值,线性函数计算公式如下:

$$y = bx + a$$

公式中的系数 b 代表直线的斜率,换言之,就是每季的增长率。系数 a 代表了趋势线与垂直坐标轴相交的那个点。当 a 和 b 已知,就可以计算任意一个 x 值对应的 y 值。一个查找系数 a 和 b 数值的方法,就是在图表上显示趋势线的函数(见图 4-4):

- 单击图表上的"趋势线"以将其选中。
- 右键单击并选择"设置趋势线格式"。
- 从菜单中选择"趋势线选项"。
- 勾选菜单中的"显示公式"。

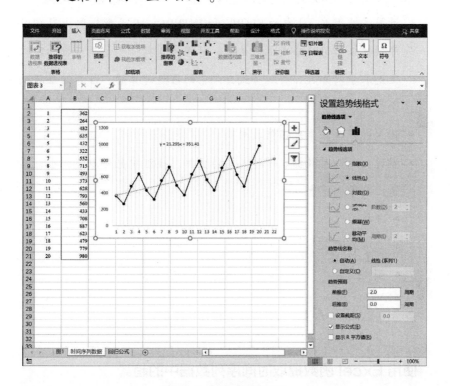

图 4-4　屏幕截图（三）

Excel 显示的趋势线公式是：$y = 21.295x + 351.4$。

销售预测模型

- **使用者**：当预计未来情况与最近历史期大致相同时，财务分析师或财务计划部经理通常会使用该财务模型进行销售预测。

- 目的：使用时间序列数据来识别和提取出历史销售值中的趋势和其他变化，以此作为预测的基础。
- 输出：对一个预测期的预测趋势，使用季节指数进行调整就可以得到销售预测数据。
- 计算：使用 Excel 中的 SLOPE 和 INTERCEPT 函数提取出每期时间序列数据趋势线公式上的系数。时间序列数据中的季节性和随机变化是基于实际数据和趋势线公式中的系数计算的，计算结果将被用于生成季节指数。
- 输入：月度和季度销售数据。
- 设计：在输入数据表中输入销售数据。模型中包含以下三个计算和输出结果电子表：
  - 分析。
  - 季节指数。
  - 预测。

请参阅 Excel 工作簿："销售预测模型.xlsx"。

使用 Excel 函数提取时间序列数据中的趋势

"分析"工作表中的销售数据来自"输入数据"工作表。在"分析"工作表的 B 列中，季度数值被用 1~20 进行编号，其为 x 值。用 Excel 中的 SLOPE 函数就会返回趋势线的斜率，该斜率也就是线性函数 $y = bx + a$ 中的系数 b。SLOPE 函数的正确写法是：SLOPE（known y's，known_ x's）（见图 4-5）。

	A	B	C	D	E	F	G
			fx	=SLOPE(C6:C25,B6:B25)			
1	时间序列分析						
2							
3				系数 b =	21.295	系数 a =	351.4
4	季度		销售值	趋势值	变动		
5		x	千英镑	y=bx+a	销售值/趋势值		
6	2010-1	1	362	373	0.97		
7	2	2	264	394	0.67		
8	3	3	482	415	1.16		
9	4	4	635	437	1.45		
10	2011-1	5	432	458	0.94		
11	2	6	322	479	0.67		

图4-5 屏幕截图（四）

E3 单元格中的 SLOPE 函数计算出系数 b 为 21.295。Excel 中的 INTERCEPT 函数就是计算直线与垂直 y 轴的交点，也就是线性函数中的系数 a。INTERCEPT 函数的正确写法是：INTERCEPT（known_y's, known_x's）（见图4-6）

	A	B	C	D	E	F	G
			fx	=INTERCEPT(C6:C25,B6:B25)			
1	时间序列分析						
2							
3				系数 b =	21.295	系数 a =	351.4
4	季度		销售值	趋势值	变动		
5		x	千英镑	y=bx+a	销售值/趋势值		
6	2010-1	1	362	373	0.97		
7	2	2	264	394	0.67		
8	3	3	482	415	1.16		
9	4	4	635	437	1.45		
10	2011-1	5	432	458	0.94		
11	2	6	322	479	0.67		

图4-6 屏幕截图（五）

G3 单元格中的 INTERCEPT 函数计算出系数 a 为 351.4。下面就可以使用线性函数以及系数 a 和系数 b 的值计算任意 x 对应的 y 值,也就是 D 列中的趋势值(见图 4-7)。

	A	B	C	D	E	F	G
1	时间序列分析						
2							
3					系数 b =	21.295	系数 a =	351.4
4	季度		销售值	趋势值	变动		
5		x	千英镑	$y = bx+a$	销售值/趋势值		
6	2010-1	1	362	373	0.97		
7	2	2	264	394	0.67		
8	3	3	482	415	1.16		
9	4	4	635	437	1.45		
10	2011-1	5	432	458	0.94		
11	2	6	322	479	0.67		

图 4-7 屏幕截图(六)

计算季节和随机变动

数据显示上升趋势且该趋势会反复变动,即可能存在季节性变化和随机变化。这里可以用销售值除以趋势值来量化这类变动(见图 4-8)。

	A	B	C	D	E	F	G
1	时间序列分析						
2							
3					系数 b =	21.295	系数 a =	351.4
4	季度		销售值	趋势值	变动		
5		x	千英镑	$y = bx+a$	销售值/趋势值		
6	2010-1	1	362	373	0.97		
7	2	2	264	394	0.67		
8	3	3	482	415	1.16		
9	4	4	635	437	1.45		
10	2011-1	5	432	458	0.94		
11	2	6	322	479	0.67		

图 4-8 屏幕截图(七)

计算一个季节指数

计算季度性变化的平均值，其将作为季节指数参与预测销售值的计算（见图 4－9）。

B3	=ANALYSIS!E6			
季节指数				
季度	1	2	3	4
2010	0.97	0.67	1.16	1.45
2011	0.94	0.67	1.10	1.37
2012	0.91	0.66	1.07	1.31
2013	0.89	0.67	1.06	1.28
2014	0.87	0.65	1.03	1.26
均值	**0.92**	**0.66**	**1.08**	**1.33**

图 4－9　屏幕截图（八）

延长销售预测趋势

如果预计预测期内的经济和市场状况与历史期大致相同，则假设未来也会延续相同的上升趋势是比较合理的。上升趋势延长八个季度，可以使用新 x 值即 21～28 来计算 C 列中的数值（见图 4－10）。

C4	=B4*ANALYSIS!E$3+ANALYSIS!G$3			
销售预测				
季度		趋势值	季节	预测值
	x	$y = bx+a$	指数	千英镑
2015 - 1	21	799	0.92	733
2	22	820	0.66	545
3	23	841	1.08	912
4	24	862	1.33	1151
2016 - 1	25	884	0.92	811
2	26	905	0.66	601
3	27	926	1.08	1005
4	28	948	1.33	1265

图 4－10　屏幕截图（九）

调整季节性变化趋势

2010~2014年期间,时间序列数据中每个值都包括趋势成分以及季节和随机变化成分。就其本质而言,随机变化无法预测,所以为了预测销售值,就会假设随机变化为0。在沿用之前趋势的后续期间,会使用季节指数计算趋势值,这样的调整就等于将季节性变化加入到销售预测中(见图4-11)。

	A	B	C	D	E	F	G
1	销售预测						
2	季度		趋势值	季节	预测值		
3		x	$y = bx+a$	指数	千英镑		
4	2015-1	21	799	0.92	733		
5	2	22	820	0.66	545		
6	3	23	841	1.08	912		
7	4	24	862	1.33	1151		
8	2016-1	25	884	0.92	811		
9	2	26	905	0.66	601		
10	3	27	926	1.08	1005		
11	4	28	948	1.33	1265		

图4-11 屏幕截图(十)

如果进行时间序列分析时能够获得高质量的数据,且预计未来的经济和市场条件与历史期数据收集期的大致相同,那么这种模型就会成为比较好的销售预测工具。类似的公司成本预测方法将会在下章进行讲解。

第 5 章
模型 2B：成本预测

在上一章中，讲解了使用线性回归函数提取时间序列的数据趋势，并基于此获得销售预测数据的全过程。我们也可以使用类似的方法通过创建财务模型进行成本预测。

因果分析

因果分析试图建立和检验预测用的自变量和其他因变量之间的关系。例如，设备运行时间（一个自变量）和设备维护成本（一个因变量）之间的关系。图 5-1 列示了连续 36 个月的生产运行时间对应的设备维护成本。

我在图 5-1 中列示的数据符合人们的预期，可以清楚地看到，设备使用率与设备维护成本之间是存在一定关系的。如果一家公司实施了预防性维护计划并进行了定期维护，则无论运行时间长短，设备维护成本都是固定的。但是，随着设备使用量的增加，其他维护成本（例如设备更新）将呈现增长趋势。将设备工时和维护成本绘制在 Excel 中的散点图上时，这两个变量之间的关系就一目了然了（见图 5-2）。

- 选择 B 列和 C 列中的相关数据。
- 选择屏幕顶部菜单中的"插入"选项。
- 点击"图表"部分的"散点图"选项。
- 点击左上方的第一个选项。

生产运行小时数	维护成本	生产运行小时数	维护成本
2782	23618	2449	24482
2531	22521	1853	17189
2788	21000	2500	23007
3033	24306	3109	22814
1612	18448	1619	20500
3381	28083	1634	17522
2354	19988	1908	18913
1718	17567	2498	23271
2085	19325	1432	15699
2908	27983	1434	15699
1021	15114	1216	13995
2419	19150	2956	25440
2775	24551	2830	25444
1574	16300	2984	23230
2159	21885	2102	19857
3305	29732	2963	27655
2037	21150	2665	22226
2418	20450	1857	21127

图 5-1 屏幕截图（十一）

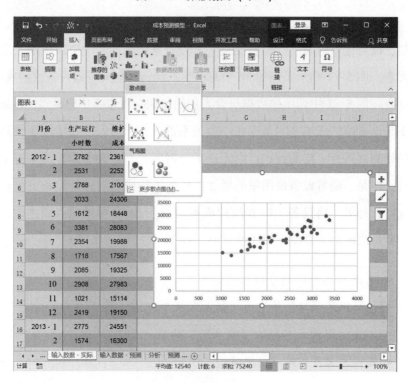

图 5-2 屏幕截图（十二）

为数据添加最优拟合线

执行以下步骤,就可以在 Excel 中为数据添加最优拟合线(见图 5-3)。

- 点击图表中的任意位置,以显示 Excel 图表工具。
- 点击"设计"选项卡以显示"添加图表元素"选项。
- 点击"添加图表元素"选项以显示下拉列表中的更多选项。
- 选择"趋势线"以显示各种趋势线图表选项。
- 选择下拉列表中的"线性"选项。

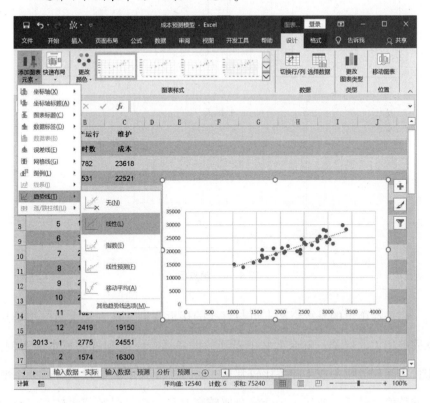

图 5-3 屏幕截图(十三)

散点图显示，运行时间与维护成本之间存在很强的线性关系。数据落点都紧密地围绕在最优拟合线两侧。

运用相关性概念测试变量之间的关联程度

相关性是一个统计学概念，用于描述两个变量之间的关系，具体情况请参见图5-4中的三个散点图。

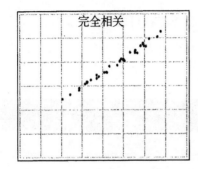
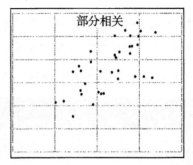
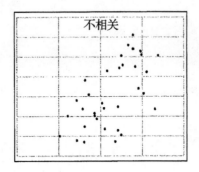

图5-4 散点图

相关性衡量的是散点图上点与直线的接近程度。在现实生活中很难找到完美相关的变量。就像上文中提到的设备运行时间和维护成本的案例，变量之间部分相关或不相关比较常见。当一个变量的数值较低时另一个变量的数值也较低，或当一个变量数值较高时另一个变量数值也较高，则两个变量为正相关。当一个变量数值较低时另一个变量数值较高，则两变量为负相关。

测算相关性

使用 Pearsonian 相关系数测量相关性，相关系数 r 的计算结果在 +1 和 −1 之间。如果绘制的点正好位于正斜率的直线上，则 r = 1。如果数据点沿具有负斜率的直线分布，则 r = −1。数据点在直线四周分布得越分散，r 值越接近 0。当 r = 0 时，两组变量之间不存在线性关系。

使用 Excel 中的 CORREL 函数

CORREL 函数返回的两组数据的相关系数。该函数的正确写法是：CORREL（array1，array2）。

成本预测模型

- **使用者**：当自变量（像设备运行时间）和因变量（像设备维护成本）之间存在很强的线性关系时，财务分析师或财务计划部经理通常会使用该财务模型进行成本预测。
- **目的**：使用 Excel 线性回归和相关系数的计算函数测算自变量和因变量之间的因果关系，并以此作为成本预测的基础。
- **输出**：作为因变量的成本预测结果。
- **计算**：Excel 中的 SLOPE 和 INTERCEPT 函数用于识别设备维护成本中的固定成本和可变成本部分，CORREL 函数用于测算自变量和因变量之间的相关程度。基于这些计算结果，就可以预测不同运行时间对应的设备维护成本。

- **输入**：已知的自变量和因变量数值。
- **设计**：将已知的每月运行时间和维护成本数据输入到输入数据表中。预测的设备运行时间会列示在输入数据—预测表中。两个计算和输出表包括：
- 分析。
- 预测。

请参考 Excel 工作簿："成本预测模型.xlsx"。

使用 Excel 函数识别可变成本和固定成本

分析工作表是从输入数据—实际数据表 B 列中提取的自变量 x，即运行时间数据。因变量 y 的数据也提取自输入数据—实际数据表。使用 Excel 中的 SLOPE 函数可计算出线性函数 $y = bx + a$ 中的系数 b，该函数的正确写法是：SLOPE（known_ y's，known_ x's）（见图 5-5）。

	A	B	C	D	E	F	G
1	数据分析						
2	系数 b =	5.68	系数 a =	8294	相关系数 r =	0.9036	
3		运行	维护				
4	月份	小时数	成本				
5		x	y				
6	2012-1	2782	23618				
7	2	2531	22521				
8	3	2788	21000				
9	4	3033	24306				
10	5	1612	18448				
11	6	3381	28083				

图 5-5 屏幕截图（十四）

B2 单元格中 SLOPE 函数返回的系数 $b = 5.68$。该系数代表设备维护成本相对于运行时间增加的增长倍率。也就是说，这部分维护成本是可变成本。

用 Excel 中的 INTERCEPT 函数计算直线与垂直 y 轴相交的点，计算结果就是线性函数中的系数 a。该函数的正确写法是：INTERCEPT（known_y's，known_ x's）（见图 5-6）。

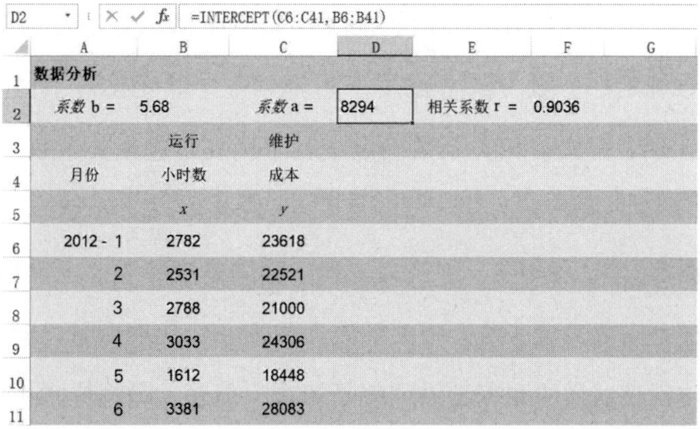

图 5-6 屏幕截图（十五）

D2 单元格中的 INTERCEPT 函数返回的系数 a = 8,294，该系数代表设备维护成本中包含的固定成本。现在就可以使用线性函数 $y = bx + a$ 计算任意一个 x 值所对应的 y 值。系数 a 和系数 b 是通过 Excel 计算的（见图 5-7）。

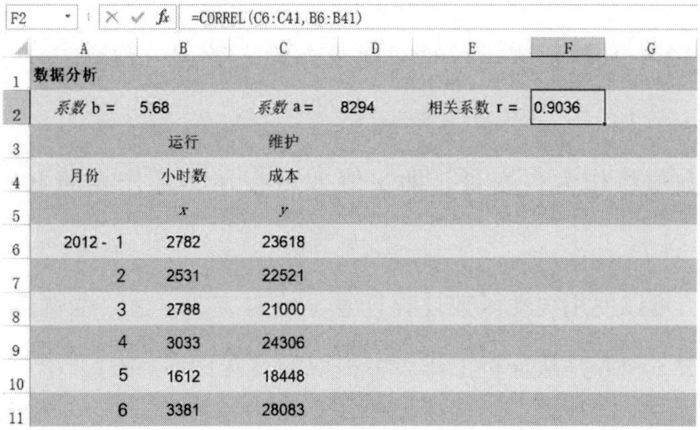

图 5-7 屏幕截图（十六）

相关性和因果关系

如果单元格 F2 中 CORREL 函数计算的 r = 0.9036，则表明设备运行时间与维护成本之间存在高度正相关。第二个测试方法称为 R 平方法或相关系数确定法，该方法常被用于测算"x"值变化对于"y"值变化的解释。顾名思义，相关系数确定法就是用皮尔逊相关系数"r"乘以它自己。

一般而言，当 $r^2 \geqslant 0.8$，则认为 x 和 y 之间高度相关。但是即使这样，在判断时还是需要谨慎一些。相关系数高并不一定代表变量之间存在因果关系，也许得到这样的测算结果纯粹是巧合。但是，数据样本中的变量对越多，相关性只是巧合的概率就会越小。在我们所举的这个特定示例中，设备运行时间与维护成本之间存在一定的逻辑关系——高相关系数也证明了它们之间存在因果关系。

预测维护成本

未来 12 个月的预测运行时间列示在输入数据—预测工作表中（见图 5-8）。

这些数值将作为自变量，即 x 值列示在预测工作表的 B 列中（见图 5-9）。

现在，可以使用线性函数计算任意 x 值对应的 y 值，也就是设备维护成本。系数 a 和 b 是从分析工作表中提取的（见图 5-10）。

	A	B	C
1	2015年设备运行时间预测		
2	月份	运行	
3		小时数	
4	2015 - 1	2100	
5	2	2800	
6	3	1800	
7	4	1700	
8	5	2000	
9	6	3300	
10	7	2500	
11	8	3400	
12	9	4300	
13	10	4400	
14	11	4100	
15	12	4500	

图 5-8　屏幕截图（十七）

B6 ='输入数据 - 预测'!B4

	A	B	C
1	2015年维护成本预测		
2			
3		运行	维护
4	月份	小时数	成本
5		x	$y = bx+a$
6	2015 - 1	2100	20215
7	2	2800	24189
8	3	1800	18512
9	4	1700	17944
10	5	2000	19647
11	6	3300	27027
12	7	2500	22486
13	8	3400	27595
14	9	4300	32704
15	10	4400	33272
16	11	4100	31569
17	12	4500	33840

图 5-9　屏幕截图（十八）

	A	B	C	D	E	F	G
			=分析!B$2*预测!B6+分析!D$2				
1	2015年维护成本预测						
2							
3		运行	维护				
4	月份	小时数	成本				
5		x	y = bx+a				
6	2015 - 1	2100	20215				
7	2	2800	24189				
8	3	1800	18512				
9	4	1700	17944				
10	5	2000	19647				
11	6	3300	27027				

图 5-10 屏幕截图（十九）

预测工作表 C 列中的值是每个 x 值对应的最佳 y 值。当两个变量之间高度相关时，数据点将落在直线附近，这样对于因变量的预测就会比较准确。当数据点在最优拟合线附近分散时，变量之间相关性较低，预测误差就会较大。

插值和外推

输入的设备运行时间数据（自变量 x）是从 1021 小时到 3381 小时，在这些数据记录的范围内，设备使用和维护成本之间呈现线性关系（见图 5-11）。

2015 年 1 月至 2015 年 7 月期间，x 的预测值与记录的实际数据落在同一范围内。使用插值法时，由于预测值落在观察数据值的范围内，因此假定 x 和 y 之间的关系保持不变。

8 月至 12 月期间，x 的预测值不会超出记录数据的范围。这里会使用一种称为外推的方法，之前已假定，在观察值的范围内 x 和 y 之间的线性

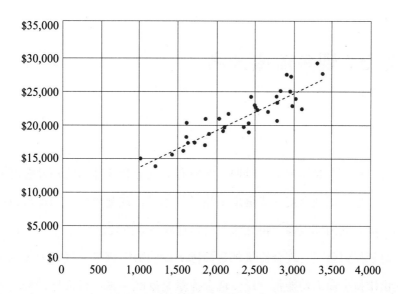

图 5-11 树脂加工设备月度维护成本

关系将保持不变。但是事实并非如此。当设备运行时间到达一定时长后，更大的磨损可能会导致消耗性零件和润滑剂的使用率更高。因此，在依靠因果关系进行外推预测时，需要加倍小心。

有效的产品定价和利润改善策略均基于对业务成本形成过程的深入了解。第 7 章将对这方面进行更详细的说明，同时还会介绍如何运用财务模型为工作提供助力。

第 6 章
模型 3：现金流量预测

公司从一个时期到下一时期，所持有的现金和其他高流动性金融资产的增减会形成正现金流量或负现金流量。不过，现金流量一词也可以描述从现金流入到内部流通、再到流出公司这样一个流转过程。

对于任何公司，现金流量都是命脉。就像血液携带氧气在人体内流动以提供维持生命力的能量一样，现金流量是反映一家运行良好的公司的核心指标。

在操作层面，现金交易是早已被人们所认可的一种交易手段，使用现金进行交易可以获取新的资源（包括材料和劳动力），并且可以将公司的产出价值用货币来量化。换言之，通过获取和使用现金，可以让公司蓬勃发展起来。那些没有意识到现金流量重要性的管理者和公司将会付出惨痛的代价。对中小型公司破产统计数据的研究表明，现金流量断裂是导致许多中小型企业破产的根本原因，尽管这些破产公司中有很大一部分在其破产时实际上已经盈利。

现金流量也是实现股东价值的重要推动力。利润被认为是衡量股东价值的传统标准指标。以往的评估方法就是将公司价值与利润关联起来看，并将公司价值视为利润的倍数。但是现代评估方法则将股东价值视为公司未来产生自由现金流量（FCF）能力的函数，FCF 的另外一种说法，是公司在满足基本运营成本支付要求并进行投资以维持生产性资产运行后剩下的可支配现金。FCF 是衡量可供公司偿还债务或支付股息的现金流量的一种方法。股东价值增加（在第 10 章中讨论）是基于公司价值，即公司未来自由现金流量的现值进行测算的。因此，现在人们普遍认识到，强大的现金流量不仅是维持公司健康运营的命脉，还是衡量公司真实价值的最佳指标之一。

因此，现金流量预测是计划公司未来可以持续存续并取得成功的主要分析工具之一——其根据现金流量发生的时点及金额假设来确定投资金额或额外融资金额，这样可以为融资谈判留下充足的时间，以确保资金按时到位。

现金流量预测模型

- **使用者**：财务分析师或财务计划部经理通常会使用此财务模型进行简单的现金流量预测。
- **目的**：基于一组现金流量关键性动因假设来生成现金流量预测，可针对各类风险对预测结果进行敏感性测试。进行数据说明的 Excel 工作簿会按月进行预测，但相关原则同样适用于年度或季度预测。仅需修改各预测列标签即可。
- **输出**：按照现金流量表格式进行现金流量预测。
- **输入**：现金流量预测使用的大多数输入假设均是以千为单位计的现金流量数据。此外，还会输入销货成本占销售收入预测的百分比。营运资本相关假设输入项则是一些在第 3 章中介绍的营运资本使用效率指标。例如，应收账款周转天数（DSO）和存货周转天数（DSI）。
- **计算**：现金流量预测的大多数数据都是从输入数据表中直接提取的。销货成本按其占销售收入的百分比计算。营运资本相关的输入项使模型可以在销售水平与相匹配的存货及信用额度之间实现动态联动。

- **设计**：在输入数据表中输入假设数据。计算和输出结果会列示在"现金流量预测"表中。

请参阅 Excel 工作簿："现金流量预测模型.xlsx"。

主题回顾——了解公司现金流量

公司现金流量是以下渠道产生或使用的现金流量合计：

- **经营活动**。
- **投资活动**：购买或出售物业、厂房和设备。
- **融资活动**：发行新股本或贷款，偿还贷款或派发股息。

计算一段时期的现金流量

期间现金流量等于期末持有现金与期初现金相比的变动额。计算如下：

- **经营活动** 产生或使用的现金：A。
- **投资活动** 获得或使用的现金：B。
- **筹资活动** 获得或使用的现金：C。
- **现金流量**：A + B + C 期间现金的增加或减少。

经营活动产生的现金（经营性现金流）

营业利润与经营性现金流不同，利润是按照权责发生制确认的，这意味着：

- 产生并开具发票的销售收入就会反映在利润中,即使公司要在30天或更长时间之后才会收到客户支付的现金。
- 已经发生以及需要与同期销售收入相匹配的成本都会影响利润的核算,即使商品和服务供应商可能允许客户在一个月左右的时间内支付现金。
- 当期已售出或用于制造当期已出售产品的存货成本也会影响利润的核算。
- 购买物业、厂房和设备的现金成本不会影响利润核算,但在每个期间都会计提折旧费用,以反映资产使用价值的减损。计算利润时会扣除折旧费用,但是现金并没有发生实际变化。其他类似的非现金项目包括与无形资产有关的摊销费用,以及针对任何资产的公允价值进行调整而计提的减值费用。

这些因素解释了为什么在任意时期内的营业利润和经营性现金流会存在差异。不过,随着时间性差异逐渐消除,客户会按照发票结算金额向供应商付款。当然,公司会对利润进行调整以剔除非现金项目,这些都会反映在经营性现金流的计算中。

目前,计算公司经营活动产生或使用现金流的方法有两个:直接法和间接法。我们会基于下方Omega贸易公司的年度利润表和年度资产负债表(见表6-1和表6-2)来说明这两种方法。

表6-1 Omega贸易公司的年度利润表

(单位:千英镑)

截至12月31日	2015年	2014年
销售收入	120,000	118,000
销货成本	(77,160)	(73,160)
毛利润	42,840	44,840

(续)

截至 12 月 31 日	2015 年	2014 年
行政管理费用	(18,500)	(17,100)
营业利润	**13,340**	**17,240**
财务成本	(750)	(750)
税前利润	12,590	16,490
税金	(3,148)	(4,123)
税后利润	**9,442**	**12,367**

表 6-2 Omega 贸易公司的年度资产负债表

(单位：千英镑)

截至 12 月 31 日	2015 年	2014 年
非流动资产		
物业、厂房和设备	36,300	34,800
	36,300	34,800
流动资产		
存货	41,795	36,580
应收账款	24,658	22,630
现金及现金等价物	5,783	4,332
	72,236	63,542
流动负债		
应付账款和其他应付款	(6,765)	(6,013)
	(6,765)	(6,013)
流动资产净额	(65,471)	(57,529)
非流动负债		
贷款	(15,000)	(15,000)
净资产	**86,771**	**77,329**
股本	30,000	30,000
留存收益	56,771	47,329
股东权益	**86,771**	**77,329**

使用直接法计算经营性现金流（见表 6-3）

表 6-3 Omega 贸易公司的现金流量表（一）

（单位：千英镑）

截至 12 月 31 日	2015 年
收到客户支付的现金	117,973
支付给供应商的现金	(81,623)
支付给员工的现金	11,000
支付其他营业费用	(14,500)
经营活动产生的现金	**10,849**
支付利息	(750)
支付税金	(3,148)
经营活动产生的净现金	**6,951**
购买厂房和设备	(5,500)
用于投资活动的净现金	**(5,500)**
偿还借款	
用于融资活动的净现金	
现金及现金等价物的净变动额	**1,451**
现金及现金等价物年初余额	4,332
现金及现金等价物年末余额	**5,783**

利润表列示了取得的收入和产生的成本。资产负债表列示了客户所欠款项以及拖欠供应商款项的变动情况——具体表现为从客户处收到的现金以及向供应商支付的现金（见表 6-4）。

表 6-4　Omega 贸易公司

（单位：千英镑）

支付给供应商	
对客户的销货成本	(77,160)
存货增加（从 36,850 美元增加至 41,795 美元）	(5,215)
欠供应商款项增加额（从 6,013 美元增加至 6,765 美元）	752
支付给供应商	(81,623)

使用间接法计算经营性现金流（见表 6-5）

表 6-5　Omega 贸易公司的现金流量表（二）

（单位：千英镑）

	2015 年
营业利润	13,340
折旧	4,000
存货（增加）/减少	(5,215)
应付账款（增加）/减少	(2,027)
应收账款（减少）/增加	752
营运资本（增加）/减少	(6,491)
经营活动产生的现金	**10,849**
支付利息	(750)
支付税金	(3,148)
经营活动产生的净现金	**6,951**

间接法是从该期的营业利润开始。折旧费用是一个纯粹的会计核算科目，并不涉及现金变动，因此在计算现金流量时必须忽略此类非现金项目。计算营业利润时折旧费用被视为成本已经扣除了，因此，需要将其加回到营业利润中以计算现金流量。摊销和减值费用同样是对资产负债表中

的资产价值进行调整,所以它们(如折旧)也都是非现金项目。

然后,对按权责发生制计算的营业利润进行调整,以反映营运资本变动对现金流量的影响。

理解营运资本

图6-1说明了公司是如何购买和销售产品的,股东资金是如何以现金的形式注入公司中的。部分现金将用于购买产品形成存货待售,这会导致现金减少。当采用赊销方式销售产品时,可用存货量就会减少,但拿到发票的客户并不会立即支付货款。公司相当于为债务人提供资金(也称为应收账款),以贸易信贷的形式给予客户免息贷款。当客户最终按照发票结算时,应收账款就会转变成现金。这个过程就称为贸易周期。

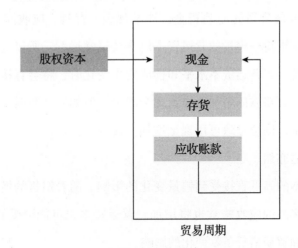

图6-1 贸易周期

贸易信贷(也称为应付款项)是指拖欠以贸易信贷提供商品或服务的供应商的款项。这相当于公司的一个免费资金来源。如图6-2所示,在供应商允许的信用期结束时,必须按照供应商开具的发票金额以现金进行结算,并将资金汇给债权人。

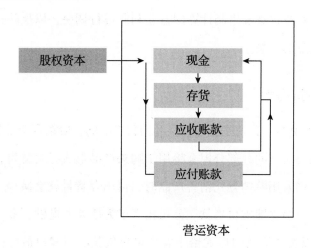

图6-2 营运资本

营运资本是公司的流动资金,涉及现金、存货、应收账款和应付账款。公司必须维持一定量的营运资本以维持正常运营,所以这部分资金对公司非常重要。当营运资本水平和构成发生变化时,将会直接影响现金流量。存货和应收账款的增加会导致现金减少,但如果这些属于营运资本的科目金额减少,则会导致可用现金增加。此外,应付账款增加将会导致现金增加,反之亦然。

营运资本的高低直接受到销量变化的影响。随着销售的增加,存货将增加,来自客户的应收账款也将增加。营运资本也可能会受到存货政策、供应链条款和贸易信贷条款变化的影响。

营运资本周期测算的是从付款给提供商品和服务的供应商到公司收到客户付款之间的平均时长。相关内容已经在第3章讲解过(见表6-6)。

表 6-6 营运资本循环周期

(单位：天数)

存货平均周转天数	X
+应收账款平均周转天数	X
-应付账款平均周转天数	(X)
=营运资本周期	X

不同行业的公司其营运资本周期可能会存在很大差异。对于服务行业，几乎不需要存货或者存货量很低，因此，从支付供应商款项到从客户处收取现金之间的时长很短。但是制造公司通常会持有大量的原材料和中间产品存货，并且大部分销售都是赊销的。在这种情况下，营运资本周期就会大大加长。营运资本周期是公司维持正常运营并形成有效竞争力所需资金量的决定性因素之一。此外，它还会对公司发展所需的融资量产生重大影响。

当营运资本的使用得到优化且资金流转顺畅时，则公司可能无须额外融资就能够维持一个稳定的销售量。但是如果公司想要提升销售收入，就必须要增加营运资本，并且可能需要通过额外融资来满足业务扩张的资金需求。

计算经营性现金流的直接法与间接法

这两种方法之间的差异看上去似乎只是计算顺序上的不同，但其实它们各自代表了不同的现金流量计算框架——即从两个不同的角度看待问题。间接法突显了营运资本变化对现金流量的影响。在很多公司中，营运资本对于现金流量的影响都是很大的。那些没有对营运资本进行有效管理和监控的公司，可能会承受资金压力，严重的甚至可能面临破产。

投资活动

很多公司会定期在以下方面进行重大投资：

- 购买有形资产，例如物业、厂房、设备和车辆。
- 获得非实物资产即无形资产，例如对品牌和软件开发权的投资。
- 收购公司。

尽管租赁是一种获得厂房和设备使用权的常用方法，但对于许多公司而言，这类投资活动仍需要大量现金。不过，当出售多余的业务或陈旧资产时，投资活动可能也会产生现金。

融资活动

导致现金流流入的行为通常包括：

- 发行新股获得的资金。
- 从银行借来的资金。
- 对于大型上市公司，通过发行公司债券获得的资金。

导致现金流流出的行为也可能包括：

- 偿还贷款。
- 回购公司债券。
- 支付融资租赁款项。
- 向股东支付股利。

现金流量预测

现金流量预测的方法有两种。两种方法的不同之处,就在于进行经营性现金流量预测时使用的是直接法还是间接法。

使用直接法进行现金流量预测

使用直接法进行现金流量预测,就是预测每个预测期的现金收入和现金支付。通常,可以基于公司采购和销售会计分类账中的财务数据对未来 6~8 周的现金流量进行比较准确的预测。超过这个时间跨度,则可以使用最近的现金流量历史数据来计算平均收支,并确定现金流量出现重大变动的时间。

不过,这里一定要小心谨慎,应将可能会导致收支水平出现显著变化的任何季节性因素都考虑在内。当背景环境出现波动时,例如公司处于成长期或经营收缩期时,就不太适合用直接法预测现金流量了。使用直接法很难预测营运资本的变化。在间接法和直接法下,投资活动和融资活动的预测方法都相同。

使用直接法进行现金流量预测的示例(见表 6-7)

表 6-7 Omega 贸易公司现金流量预测

(单位:千英镑)

2016 年	1 月	2 月	3 月
经营性现金流入:			
上个月的赊销收入	3,200	2,800	3,400
上两个月的赊销收入	5,100	4,800	5,200

2016 年	1 月	2 月	3 月 (续)
现金销售	1,200	1,400	1,100
	9,500	9,000	9,700
经营性现金流出			
当月购买商品支付的现金	(2,700)	(2,800)	(2,500)
支付当月采购款	(4,300)	(4,100)	(4,400)
支付租赁费			(3,000)
支付工资和福利	(1,200)	(1,200)	(1,400)
	(8,200)	(8,100)	(11,300)
支付利息	(150)		
支付税金			(1,500)
经营活动产生的净现金	1,150	900	(3,100)
购买厂房和设备		(1,500)	
投资活动使用的净现金		(1,500)	
融资活动使用的净现金			
现金及现金等价物净变动额	1,150	(600)	(3,100)
现金及现金等价物期初余额	5,783	6,933	6,333
现金及现金等价物期末余额	6,933	6,333	3,233

使用间接法进行现金流量预测

间接法是通过预测营业利润和基于销售收入预测的营运资本组成部分的变化情况来计算经营性现金流量的。该方法利用的是销售水平与毛利率和营运资本构成的影响关系。在财务模型中，可以将这种关系作为基础输入项，以此来测算销售收入变化和其他假设对经营性现金流量的影响。现金流量预测模型使用的就是间接法。

现金流量预测模型中的输入性假设

销售收入预测假设是现金流量模型中的主要驱动因子。一般销货成本会按照占销售收入的百分比设置假设,因为这些成本通常会随销售收入成比例地增加。在一些公司中,销售和分销成本会随着销售收入的变化而变化,但是在本书的模型中,我们认为这些成本是固定的,且与销售收入无关,行政管理费用也是如此。假设行政管理费用中不包括折旧费和任何其他非现金项目,例如摊销(类似于折旧费,反映了品牌和其他形式的知识产权等无形资产价值的减少)。

我们可以根据相关贷款协议中规定的还款时间表来预测贷款利息和本金偿还金额。公司税是基于公司利润计算的,不过任何时期实际支付的税金可能与较早时期的利润有关,并且是基于税务机关的缴税清单计算的。输入性假设包括实际支付税金的具体预测,而不是按照税金占经营性现金流的百分比来计算每个预测期的税金支付金额(见图6-3)。

关于营运资本组成部分的输入性假设,使得预测模型可以在销售收入与匹配的存货和贸易信贷金额之间实现动态联动。第3章已经讲解了如何计算营运资本使用效率:包括应收账款周转天数、存货周转天数、应付账款周转天数。相关比率的具体公式如下:

$$应收账款周转天数(DSO) = \frac{应收账款}{销售收入} \times 365$$

$$存货周转天数(DSI) = \frac{存货}{销货成本} \times 365$$

$$应付账款周转天数(DPO) = \frac{应付账款}{销货成本} \times 365$$

	A	B	C	D	E
1	假设			1月	2月	3月
2	经营性现金流假设				
3	销售收入(千英镑)		3,000	2,700	3,800
4	销货成本		64%	64%	64%
5	销售及分销成本(千英镑)		(200.0)	(200.0)	(250.0)
6	行政管理费用(千英镑)		(600.0)	(600.0)	(600.0)
7	支付贷款利息(千英镑)				
8	支付公司税(千英镑)				
9					
10	营运资本假设				
11	存货周转天数		85	85	90
12	应收账款周转天数		50	50	50
13	应付账款周转天数		35	35	35
14	1月1日期初余额:				
15	存货(千英镑)	350			
16	应收账款(千英镑)	330			
17	应付账款(千英镑)	200			
18	现金(千英镑)	520			
19					
20	投资假设				
21	购买厂房和设备(千英镑)			(750)	
22	资产处置(千英镑)				
23					
24	融资假设				
25	获得贷款(千英镑)				
26	偿还贷款(千英镑)				
27	支付股利(千英镑)				

图6-3 屏幕截图(二十)

对DSO、DSI和DPO均可以设置输入性假设,并与销售收入预测联合使用,以预测营运资本。接下来就可以计算净营运资金变动额,然后使用间接法就可以计算出经营性现金流量。例如，将 DSO 比率的计算公式进行变形就可以得到应收账款预测数据：

$$\frac{DSO \times 销售收入}{365} = 应收账款$$

预测存货和应付账款的方法与之类似，不过计算中使用的不是销售收入而是销货成本。假设中会包括营运资金的年初余额，以便计算 1 月的净营运资本增加额或减少额。

经营性现金流预测部分

下面是从现金流量预测模型中截取的内容，其中显示了使用间接法预测 1 月经营性现金流的计算公式，以及销货成本和营运资本各组成部分是如何与销售收入预测值相互关联的。使用相同的方法还可以预测每月的数据（见图 6-4）。

图 6-4　屏幕截图（二十一）

该模型中的每个计算都会使用 ROUND 函数,以确保预测数值精确到以千英镑计,这样做可以在对预测数值进行加总求和时避免出错。该函数的写法如下:

ROUND (number or celJ reference (s), number of decimal places required)

EBITDA (息税折旧摊销前利润)

EBITDA 已成为衡量扣除非现金项目前营业利润的常用指标。该指标表示营运资本调整前的经营性现金流。在融资租赁这种行业,营运资本相对较少,因此在不考虑息税支付及营运资本变动的情况下,可用 EBITDA 来代替经营性现金流。

经营性现金流预测部分的输出结果(见图 6-5)

	A	B	C	D	E
1	现金流量预测				
2	以千英镑计	1月1日	1月	2月	3月
3					
4	经营性现金流				
5	销售收入		3,000	2,700	3,800
6	销货成本		(1,920)	(1,728)	(2,432)
7	毛利率		1,080	972	1,368
8					
9	销售及分销成本		(200)	(200)	(250)
10	行政管理费用		(600)	(600)	(600)
11	EBITDA		280	172	518
12					
13	支付贷款利息				
14	支付公司税金				
15			280	172	518
16	营运资本变动额				
17	存货	350	447	402	600
18	应收账款	330	411	370	521
19	应付账款	(200)	(184)	(166)	(233)
20	营运资本	480	674	606	888
21	营运资本的(增加)/减少		(194)	68	(282)
22					
23	经营活动产生/(使用)的现金		86	240	236

图 6-5 屏幕截图(二十二)

对具有明显季节性销售特点的公司进行预测

在某些行业中,季节性销售特点更为突出。本案例中的公司并不具备明显的季节性销售特点。对于季节性销售特点显著的公司,销售旺季到来前的几个月,存货会呈现增长。现金流量预测模型使用的预测方法比较简单。它会基于各月的销售收入和销货成本计算同月资本成本的各个组成部分。如果要对季节性销售特点比较显著的公司进行现金流量预测,可能需要将销售旺季前的存货周转天数和应付账款周转天数手动调增,直至销售旺季结束。

投资活动和融资活动

从现金流量预测模型中截取的这部分显示了预测投资活动和融资活动现金流量的计算公式。输入性假设均是从"输入数据"电子表中直接提取的,无须进一步计算(见图6-6)。

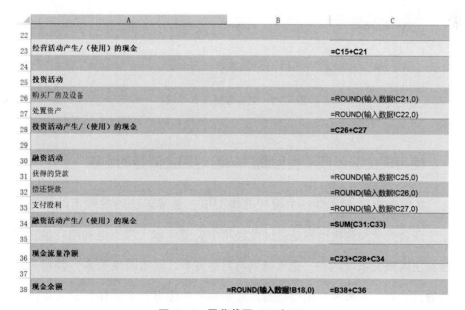

图6-6 屏幕截图(二十三)

投资活动和融资活动现金流预测的输出结果（见图6-7）

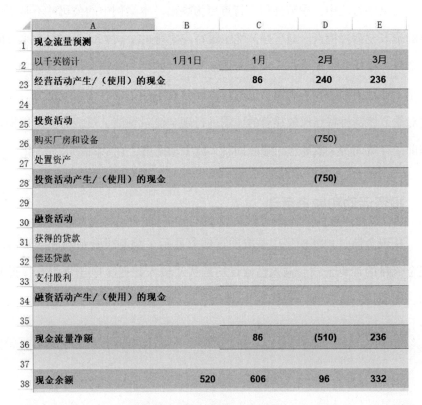

图6-7 屏幕截图（二十四）

使用现金流量预测模型测试风险对现金流量的影响

传统预测旨在获得一个确切的预测值，通常关注的是输出的预测结果。现金流量预测模型则是通过设置几个关键性输入项，再利用变量之间已知的因果关系（例如，销售收入与营运资本之间的因果关系）获得最后的输出结果。模型本身是动态的，其架构和构建方法令使用者只需更改一个或多个关键性动因假设即可快速生成多个版本的预测。

这种使用财务模型进行预测的方法具有两个明显优势。首先，它允许管理人员和分析人员测试各种风险和不确定性对现金流量发生时点和规模的影响。例如，修改销货成本百分比假设可以测试价格变化或汇率变化对原材料成本变化的影响。其次，可以使用假设分析法进行公司现金流量对各种输入性驱动假设项变动的敏感性测试。例如，模型会显示有些公司存货水平和客户信用条款方面的细微变动就会对现金流量产生巨大影响，这个影响甚至可能比因客户价格上涨对现金流量的影响还要大。模型是一个非常强大的工具，它可以让我们把关注的重点放到如何真正地改善现金流量上。

现金流量预测模型中的全部输出结果（见图 6-8）

	A	B	C	D	E
1	现金流量预测				
2	以千英镑计	1月1日	1月	2月	3月
3					
4	经营性现金流				
5	销售收入		3,000	2,700	3,800
6	销货成本		(1,920)	(1,728)	(2,432)
7	毛利率		1,080	972	1,368
8					
9	销售及分销成本		(200)	(200)	(250)
10	行政管理费用		(600)	(600)	(600)
11	EBITDA		280	172	518
12					

图 6-8　屏幕截图（二十五）

13	支付贷款利息				
14	支付公司税金				
15			280	172	518
16	营运资本变动额				
17	存货	350	447	402	600
18	应收账款	330	411	370	521
19	应付账款	(200)	(184)	(166)	(233)
20	营运资本	480	674	606	888
21	营运资本的(增加)/减少		(194)	68	(282)
22					
23	经营活动产生/(使用)的现金		86	240	236
24					
25	投资活动				
26	购买厂房和设备			(750)	
27	处置资产				
28	投资活动产生/(使用)的现金			(750)	
29					
30	融资活动				
31	获得的贷款				
32	偿还贷款				
33	支付股利				
34	融资活动产生/(使用)的现金				
35					
36	现金流量净额		86	(510)	236
37					
38	现金余额	520	606	96	332

图6-8 屏幕截图(二十五)(续)

第 7 章
模型 4：定价和利润

哈佛商学院教授迈克尔·波特认为，制订商业策略的目的是利用优势为客户创造独特的价值组合，从而产生销售收入和利润，进而为公司股东创造价值。

研究表明，客户很少会单纯基于价格来感知和衡量商品价值，相反，他们会在产品或服务中获得的收益与支付的对价之间权衡。换言之，当客户相信自己购买的商品物有所值时，他们就会感到高兴。以宝马和丰田为例，它们都是汽车制造商，究竟是如何做到共赢共存的呢？答案就是它们各自提供的价格与优势产品的组合都是独一无二的，可以满足不同客户的需求。因此，我们应该主要根据市场竞争力以及客户的期望和态度来做产品和服务定价决策。

从销售收入中扣除公司产品和服务的所有生产交付成本后，剩余的就是利润。利润是衡量股东价值的重要手段之一，是经营性现金流的重要驱动因素，同时也是所有公司赖以生存并实现长远发展的重要因素。因此，尽管我们进行定价决策时必须要考虑客户和市场因素，但确保按该价格进行销售所获得的收入能够覆盖相关成本并产生利润也是非常重要的。

定价和利润模型

- **使用者**：财务分析师或财务计划部经理通常会使用该财务模型来分

析和了解价格变动对毛利率、盈亏平衡点以及利润的影响。

- **目的**：该模型有两个部分。第一部分是评估单个产品价格变化对毛利率的影响，以进行定价决策。第二部分是计算公司的盈亏平衡点，并使用成本—销量—利润（CVP）图来分析和了解公司在各种销售水平下的成本结构和获利能力。
- **输出**：输出结果将显示在三个 Excel 工作表上：价格变动分析表、CVP 分析表，以及动态 CVP 图表。
- **输入**：在 Excel 中设置一个输入数据表，其中包含两组价格变动模型和 CVP 分析的输入数据。
- **计算**：价格变动分析的计算结果会并入输出报告中。这里会设置一个单独的 Excel 工作表，用于计算绘制 CVP 图表所需的数据。
- **设计**：假设数据会列示在输入数据表中。计算和输出结果会列示在价格检查表中。绘制 CVP 图表所用的数据会在 CVP 计算表中计算，输出结果会列示在 CVP 分析表中。详情请参阅 Excel 工作簿："定价和利润模型.xlsx。"

主题回顾——了解定价和利润

公司可以看作是一个为客户和股东创造价值的机构（见图 7-1）。它使用原材料、人力以及机器设备进行生产活动，为客户提供有价值的产品和服务。当销售收入大于公司运营过程中耗费的全部成本时，就会形成利润，这就是为股东创造的价值。

从战略层面上来说，了解公司是如何通过经营活动创造价值以及各项经营活动之间的关联方式至关重要。同样，了解产品、服务和客户所创造的价值究竟有何不同也非常重要。虽然从不同产品中获取的销售收入一般很容易计算,但想要计算这些产品所耗费的生产成本就难多了。这是因为不同类型的成本习性不同,具体说明请见下面的示例。

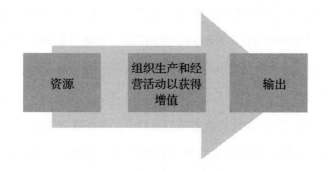

图7-1 公司创造价值的过程

Acme 零件制造公司

该公司购买和销售零件。最近一年,该公司预计将按照单价1英镑出售1200万个零件,单个零件成本为0.70英镑。全年办公室租金、员工薪水和其他管理费用预计为240万英镑(见表7-1)。

表7-1 Acme 零件制造公司的利润表(一)

(单位:英镑)

销售收入	12,000,000
销货成本	(8,400,000)
毛利润	3,600,000
间接成本	(2,400,000)
营业利润	**1,200,000**

利润表显示,该公司达到1200万英镑预期销售收入的同时可实现120万英镑的营业利润——但如果销售1000万件将会获得多少收入呢?这些零件的单价为1英镑,所以直接就能计算出销售1000万件零件可以获得1000万英镑的销售收入,但进行成本预测则没有这么简单,只有充分了解

公司销售水平发生变动时的成本联动情况才能进行成本预测。

成本习性是指成本变动量与销售额或销售量之间的依存关系。固定成本是那些不受各种产量变化影响的成本。租金、人力资源、IT和许多其他类型的成本（通常称为间接成本）都属于典型的固定成本。最终，公司可能会发展到一定程度，为了满足发展需求，例如需要租用更大的仓库，某些成本将会呈现阶梯式增长。只要公司维持新的产能不变，成本就会一直保持在这个新的水平上。在Acme零件制造公司的示例中，间接费用是固定的。

变动成本是随经营活动变化而变化的那部分成本。主要包括原材料成本、购买产成品成本，如果按件或销售收入的百分比收取运费，则有时可能还会包括运费。在Acme零件制造公司的示例中，零件的成本价是可变的。下面的"成本－销量－利润"图表说明了固定成本和可变成本的关系（见图7－2）。

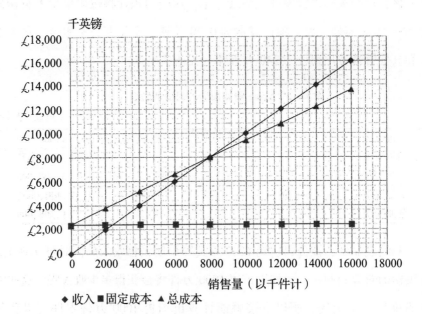

图7－2 Acme零件制造公司：成本—销量—利润图

成本—销量—利润（CVP）图说明

固定成本线显示，公司在维持目前产能的情况下，无论年度销售量如何，其对应的年度间接成本都是固定的240万英镑。总成本线显示，总成本包括每年240万英镑的固定成本和按每件0.7英镑计算的变动成本。由此可知，当销售量为0时，总成本就等于固定成本，然后，每卖出一件产品总成本都会按照每件0.7英镑的速度增长。以CVP图为例，当销售600万件时，总成本等于660万英镑，其中包括240万英镑的固定成本和420万英镑（600万件×0.7英镑）的变动成本。收入线表示，每卖出一件产品，销售收入就会增长1英镑，销售收入对应销售量区间为0~1600万件。

毛利润和盈亏平衡点

CVP图中的关键点是800万个单位所对应的总成本线和收入线的交点。换言之，该点代表总成本等于销售收入。在该点上，公司已经实现盈亏平衡，当销量低于800万件时，总成本将超过收入，公司就会出现亏损。当销量超过800万件时，公司就会实现盈利（见表7-2）。

表7-2　Acme零件制造公司的利润表（二）

（单位：英镑）

销售收入	8,000,000
销货成本	(5,600,000)
毛利润	2,400,000
间接成本	(2,400,000)
营业利润	**0**

修改后的利润表（表7-2）显示，当销售量达到800万件时，总成本等于销售收入。换一个角度来看，为了实现盈亏平衡，公司获得的毛利润

必须足以负担固定成本。这种测算方式强调了两个事实:一个是代表公司实际收益的指标不是销售收入而是毛利润;另一个则是销售利润率最大化时,利润才会实现最大化。以上两点是进行有效商业决策的基础。

在 Acme 零件制造公司的示例中,每件产品的毛利润为 0.3 英镑,计算公式如下(见表 7-3):

表 7-3　每件产品的毛利润

(单位:英镑)

单件销售价格	1
单件变动成本	0.7
单件毛利润	0.3

盈亏平衡点计算公式如下:

$$盈亏平衡点 = \frac{固定成本}{单件毛利润}$$

以 Acme 零件制造公司为例:

$$\frac{2,400,000 \text{ 英镑}}{0.3 \text{ 英镑/件}} = 800 \text{ 万件}$$

也可以计算盈亏平衡点对应的销售收入,计算如下:

$$盈亏平衡点的销售收入 = \frac{固定成本}{毛利百分比}$$

毛利率计算如下:

$$毛利率 = \frac{单件毛利润}{单件销售价格} \times 100\%$$

基于 Acme 零件制造公司的数据就会得出下面的计算结果:

$$\frac{固定成本}{毛利率} = \frac{2,400,000 \text{ 英镑}}{0.3} = 8,000,000 \text{ 英镑}$$

注意如何将毛利率转换小数形式进行计算。

毛利润和定价

尽管定价决策主要是根据市场竞争性做出的，但要想确定一个能够使公司获利水平尚可的市场销售价格，还是要以毛利润和盈亏平衡之间的关系为决策基础。

Acme 零件制造公司是一个购买销售单一产品的示例。Omega 贸易公司则会购买和销售多种产品。该公司利润表如下（见表 7-4）：

表 7-4 Omega 贸易公司利润表

（单位：英镑）

销售收入	12,000,000	100%
变动成本	(7,200,000)	(60)%
毛利润	4,800,000	40%
固定成本	(3,000,000)	(25)%
营业利润	1,800,000	15%

Omega 贸易公司的固定成本为 300 万英镑，占 1200 万英镑销售收入的 25%。由此可知，为了覆盖固定成本，公司的毛利率需要达到 25% 才能实现盈亏平衡。当然，公司将以实现盈利为目标，并可能已经制定了基于净资产收益率为股东创造价值的战略目标（第 3 章）。如果营业利润率要达到 15% 才能实现上述目标，那么在实现 1,200 万英镑销售收入的基础上，毛利率需要达到 40% 才能获得相应的营业利润。通常情况下，公司销售的产品毛利率各有不同，但设置目标后只要追求整体均值达标就可以了。

定价和销量决策

虽然进行定价决策时首先应该考虑市场和竞争因素，但是很多市场部和销售部经理在与客户协商价格和折扣的时候只会关注销售价格,而不会考虑价格变动对毛利润造成的影响。在评估价格和折扣对毛利润的影响之前,不应同意关于这两项内容的任何修改。有时,从价格和销量的角度看,似乎对公司来说是一次比较好的机遇,但是却有可能对毛利率造成不成比例的负面影响。具体说明如下:

公司产品的销售单价为 10 英镑,单件产品的变动成本为 7.5 英镑。一般情况下,公司产品每年的销售量为 10000 件。销售部经理认为,降价 10% 会令销售收入增长 20%。这笔生意是好还是坏呢(见表 7-5)?

表 7-5 价格变动对毛利润造成的影响(一)

(单位:英镑)

	之前	之后	
销售单价	10	9	-10%
单件产品的变动成本	7.5	7.5	
单件产品的毛利润	2.5	1.5	-40%
年度销售量	10,000	12,000	+20%
销售毛利润	25,000	18,000	-28%

对于那些不理解毛利率含义的人来说,降价 10% 换取销量增加 20% 似乎是一个比较有吸引力的提议。表 7-5 的分析表明,降价 10% 会使单件产品的售价和毛利润均下降 1 英镑,虽然这两项指标的下降幅度都是 10%,但整体毛利润(公司实际收益)却会大幅下降,下降幅度达到 40%。销量增加 20% 则预计年度销售量会达到 12,000 件,但在单件产品毛利率比较低的情况,销售毛利润仅为 18,000 英镑,与降价前 25,000 英镑的毛利润相比下降了 28%。

如果一家公司必须销售 16,667 件产品其利润才能达到 25,000 英镑,则销售量要比降价前每年 10,000 件的销售量增加 67%!

同样，如果仅考虑价格和销量因素，也有可能做出错误的涨价决定。例如，假设销售部经理预计价格上涨10%将会导致销量下降25%。在这种销量大幅减少的情况下，究竟会对单件产品的毛利润和销售利润率造成何种影响（见表7-6）？

表7-6 价格变动对毛利润造成的影响（二）

（单位：英镑）

	之前	之后	
销售单价	10	11	+10%
单件产品的变动成本	7.5	7.5	
单件产品的毛利润	2.5	3.5	+40%
年度销售量	10,000	7,500	-25%
销售毛利润	25,000	26,250	+5%

价格上涨10%会令产品单价和毛利润同时增长1英镑，单件产品毛利率则会上涨40%。如果每年销售量下降25%，即每年销售7,500件，则销售利润会增长至26,250英镑，与涨价前的销售毛利润相比增长了5%。

该方法的局限性

在产品设计和定价方面进行战略决策是基于对公司各类产品获利能力的判断做出的。无论是哪件产品或哪项服务，其产生的利润应该是价格和生产、销售分销等成本总额的函数，所谓成本总额，就是不仅包括变动成本，还会包括固定成本。对于产品的生产、销售分销流程大致相同的公司，其产生的固定间接成本也大致相同。在这种情况下，尝试将固定间接成本在不同产品之间进行分配意义不大——毛利润计算法为定价决策和实现利润最大化奠定了良好基础。这种边际效益计算法特别适用于零售类公司，以及那些标准的生产制造类公司。

但是，有时固定成本并不会平均分摊到公司的各类产品中，在这种情况下，依照边际效益计算法的结果进行决策可能就不太合适了，因为该方法并不会计算每类产品准确的成本总额。传统的完全成本法弥补了边际效益计算法的缺陷，前者将生产过程中直接产生的间接成本（例如，设备的装备工程成本以及生产过程中耗费的能源成本）按照产量或其他指标（例如直接工时或设备生产小时数）来分摊。

这种简单的成本分摊方法是假设生产的各类产品会按照产量比例来耗用成本，如此计算将会掩盖各类产品的实际成本，但实际情况并非总是如此。通常，公司执行的一些生产操作既会用于生产流程简单且可大批量生产的产品，又会用于生产流程烦琐、生产耗用时间较长且产量较低的产品（例如拆装设备工具和夹具等）。对于这类公司，尽管作业成本法（ABC法）的整个成本核算体系比完全成本法复杂，但使用作业成本法可能会得到更有价值的信息。

定价和利润模型工作簿

工作簿中包含五个工作表：即一个输入数据表、两个输出结果电子表、一个绘制CVP图所需数据的计算表和一个单独显示CVP图的电子表。模型结构如图7-3所示。

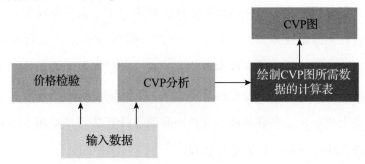

图7-3　五个工作表的模型结构

定价和利润模型中的输入数据表（见图7-4）

	A	B	C	D
1	单价变动假设			
2		当前		新数据
3	单件产品销售价格	£10		£9
4	单件产品变动成本	£7.5		£7.5
5	年度销售量	10,000		12,000
6				
7	成本—销量—利润假设			
8	年度销售收入	£3,000,000		
9	年度销售量	317,236		
10	年度变动销售成本	£2,000,000		
11	年度固定销售成本	£750,000		
12				

图7-4 屏幕截图（二十六）

在单价变动假设中，会输入当前的价格和计划变动后的价格，以及这些价格对应的年度销量和单件产品变动成本（通常情况下，当前价格和新售价对应的单位变动成本相同）。此外，还会输入当前价格对应的年均销售量以及新售价对应的预计或期望年度销售量。

在成本—销量—利润假设中，会设置公司的年度销售收入、年度销售量、年度变动销货成本和年度固定销货成本。

两部分中的输入假设数据均为正数。

价格检验分析模型（见图7-5）

	A	B	C	D	E	F
1	价格检验					
2		当前价格		新价格		变动
3						
4	单价	£10		£9		(10)%
5	单件产品变动成本	£(7.5)		£(7.5)		
6	单件产品毛利润	£2.5		£1.5		(40)%
7						
8	年度销售量	10,000		12,000		20%
9						
10	销售利润	£25,000		£18,000		(28)%
11						
12	实现当前利润所需的年度销售量			16,667		66.7%

图7-5 屏幕截图（二十七）

价格检验分析会计算新价格变动对单件产品毛利润和销售利润的影响。在维持当前销售利润的情况下，还可以使用该模型计算新价格对应的年度销售量。图7-6显示了计算公式。

	A	B	C	D	E	F
1	价格检验					
2		当前价格		新价格		%变动
3						
4	单价	=输入数据表!B3		=输入数据表!D3		=D4/B4-1
5	单件产品变动成本	=-输入数据表!B4		=-输入数据表!D4		
6	单件产品毛利润	=B4+B5		=D4+D5		=D6/B6-1
7						
8	年度销售量	=输入数据表!B5		=输入数据表!D5		=D8/B8-1
9						
10	销售利润	=B8*B6		=D8*D6		=D10/B10-1
11						
12	实现当前利润所需的年度销售量			=B10/D6		=D12/B8-1

图7-6 屏幕截图（二十八）

成本—销量—利润分析模型（见图7-7）

	A	B	C	D	E
1	成本-销量-利润分析				
2		年度		单件产品数值	
3	销售收入	£3,000,000		£9.46	
4	变动成本	(£2,000,000)		(£6.3)	
5	毛利润	£1,000,000		£3.16	
6	毛利率			33.4%	
7					
8	固定成本	(£750,000)			
9					
10	实际销售利润	£250,000		£0.79	
11					
12	盈亏平衡点的销售额	£2,245,253			
13	盈亏平衡点的销售量	237,342			

图7-7 屏幕截图（二十九）

计算年度销售量所需的输入性假设数据包括：单件产品均价、单件产品变动成本、单件产品毛利润，以及毛利率。该模型将使用毛利率和单件产品毛利润计算盈亏平衡点的销售收入和销售量。在变动成本大于销售收入的情况下，毛利率会为负——这导致无论销售收入达到多少都无法实现盈亏平衡。在这种情况下，盈亏平衡点的销售收入和销售量所对应的数值就会是0，同时还会显示警告信息。图7-8显示的就是CVP分析中的计算公式。

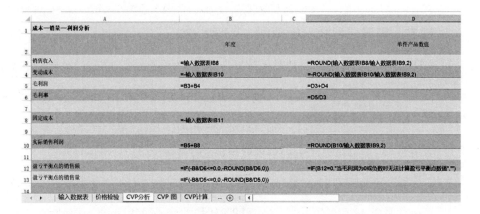

图7-8 屏幕截图（三十）

CVP 计算

通过使用 CVP 分析表中的盈亏平衡点数据进行计算，以获得 CVP 图中 X 轴上不同年度销售量所对应的销售收入。CVP 图中的三条直线就是根据这里计算的销售收入、固定成本以及成本总额绘制的（见图7-9）。

	销售量	销售收入	固定成本	成本总额
	0	£0	£750,000	£750,000
	118,671	£1,122,234	£750,000	£1,498,156
	237,342	£2,244,468	£750,000	£2,246,312
	317,236	£3,000,000	£750,000	£2,750,000
	412,407	£3,900,000	£750,000	£3,350,000

图7-9 屏幕截图（三十一）

A5 单元格中的销售量是 CVP 分析表中计算的盈亏平衡点销售量——也就是 CVP 图中心点对应的销售量。实际年度销售量是从"输入数据"表中提取的，CVP 计算表中的单元格 A4 或 A6 也会使用该数据，具体情况取决于实际销售收入是小于还是大于盈亏平衡点时销售量的计算结果。

单件产品变动成本是根据假设的年度销售量和"输入数据"表中的年度变动成本计算的。用单件商品变动成本乘以 CVP 计算表 A 列中的销售量，就可以计算出变动成本总额。然后再加上 CVP 计算表 C 列中的固定成本数值，就可以得到成本总额。图 7 - 10 中列示了计算公式。

	A	B	C	D
1	成本—销量—利润数据			
2	销售量	销售收入	固定成本	成本总额
3	0	0	=输入数据!B$11	=C3
4	=IF(A$5>输入数据!B$9,输入数据!B$9,CVP计算!A$5*0.5)	=A4*(输入数据!B$8/输入数据!B$9)	=输入数据!B$11	=C4+A4*输入数据!B$10/输入数据!B$9
5	=CVP分析!B13	=A5*(输入数据!B$8/输入数据!B$9)	=输入数据!B$11	=C5+A5*输入数据!B$10/输入数据!B$9
6	=IF(A$5<输入数据!B$9,输入数据!B$9,CVP计算!A$5*1.4)	=A6*(输入数据!B$8/输入数据!B$9)	=输入数据!B$11	=C6+A6*输入数据!B$10/输入数据!B$9
7	=A6*1.3	=A7*(输入数据!B$8/输入数据!B$9)	=输入数据!B$11	=C7+A7*输入数据!B$10/输入数据!B$9

图 7 - 10 屏幕截图（三十二）

CVP 图

现在可以使用"CVP 计算"表中的数据绘制 CVP 图。如图 7 - 11 所示，第一步是选中绘图所需的数据。

然后点击"插入"选项卡并从下拉菜单中选择带直线的"散点图"（见图 7 - 12）。

将生成的图表移动至新的电子表中，在图表外围点击鼠标右键打开下拉列表（见图 7 - 13）。

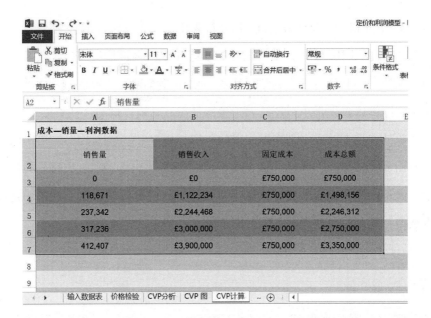

图7-11 屏幕截图(三十三)

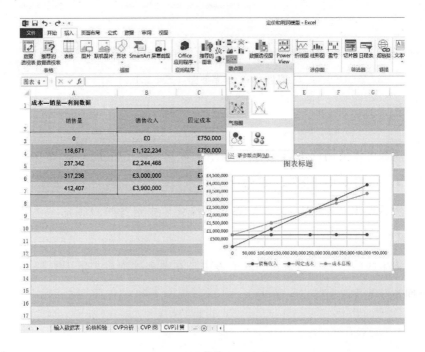

图7-12 屏幕截图(三十四)

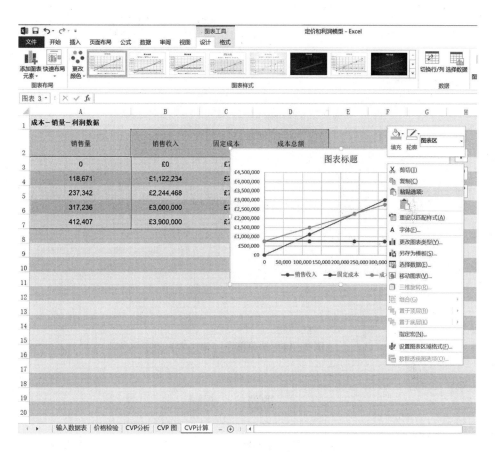

图7-13 屏幕截图（三十五）

选择菜单中的"新增工作表"选项，以将图表移动到新表中（见图7-14）。

将图表移到新工作表后就会放大显示，且单元格横向间距更大，这样更方便查看图表。单击图表外框，使用图表格式和设计工具就可以根据需要修改图表外观（见图7-15）。

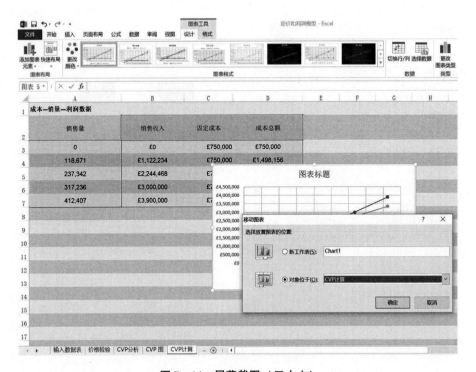

图7-14 屏幕截图(三十六)

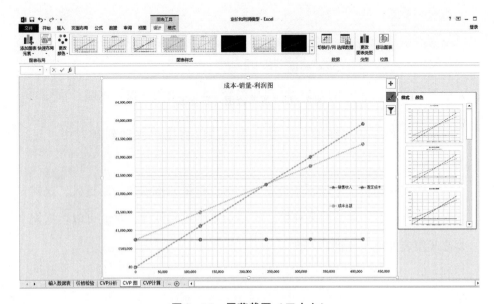

图7-15 屏幕截图(三十七)

第 8 章
模型 5：投资决策

简单来说，对于公司而言，投资就是将资金用于创新、开发、运营或扩张，以期在未来获得收益。这里可以把研发成本、员工培训费和市场拓展费等很多成本均看作是公司进行的一项投资，尽管站在会计核算的角度，会将这些成本从销售收入中扣除。

相比之下，资本投资通常是在初期出现大量的现金流出，然后在后续年中，由于所投项目满负荷运行并实现最大创收，就会形成现金流入。在很多行业，例如石油化工、原油及天然气领域，定期进行资本投资以购建各种厂房和生产设备是比较常见的。但是，即使是最大的国际化公司，融资时也会有一定的限制条件，而且不可能投资所有的项目，所以就需要找到一种评估工具，以便在潜在投资项目中进行选择：判断依据包括需要投入的资金规模、后续可以获得的现金流量，以及相关的投资风险。常见的资本投资评估方法有三种，具体如下。

会计收益率计算法，就是计算项目年度利润占初始投资的百分比。该方法的优点是计算简单且指标含义与 ROI 类似，但其是基于利润计算的，并没有考虑项目的现金流量。前文已经说明了使用现金流量而不是利润进行经营决策的好处。该方法计算的是百分比，所以无须考虑项目的规模。另外，也不用考虑未来现金流量的流入时点，也就是所谓的货币时间价值。

回收期计算法，就是计算收回初始投资所需的时间——这个很容易理解，其优点在于使用的是预测现金流量而不是利润，且可以比较各种投资机会的优劣。许多公司在融资受到限制的情况下，可能会将回收期作为筛选投资项目的重要参考指标。对于其他公司，例如石油和天然气行业内的公司，在基于完整的现金流量预测数据进行详细的经济价值分析之前，会使用该方法对项目可行性进行初步估算。仅使用该方法进行评估的缺点在于，其忽略了资金回收后产生的现金流量，且没有考虑所有预测现金流量的时间价值。

现金流量贴现法是计算整个项目生命周期内增加的自由现金流量的折现值。该方法重点反映的是未来现金流量的时间价值。这是最常用的公司资本投资评估方法，同时也是投资决策模型中的常用方法。

投资决策模型

- **使用者**：财务分析师、投资经理或项目经理通常会使用该模型对各种投资机会进行对比评估。
- **目的**：在模型中会使用现金流量折现法（DCF），还会使用 Excel 函数，根据整个项目生命周期内的现金收益和成本，计算项目的净现值（NPV）和内部收益率（IRR）。
- **输出**：这里会使用 DCF 两阶段分析模型，对第一阶段五年内的现金流量进行详细分析，而在第二阶段，则通过计算剩余现金流量的折现值来确定项目的终值。
- **输入**：这里会设置一个单独的输入数据表，以列示现金流量、项目生命周期、资产终值以及折现系数的相关假设。
- **计算**：DCF 分析的计算结果将会汇总列示在 DCF 分析报告中。

- **设计**：在输入数据表中输入假设；计算和输出结果汇总列示在"DCF 分析表"中。像预测 NPV 和 IRR 这样的关键性输出结果，也会显示在输入数据表中，这样一来，只要修改假设就可以迅速查看输出结果的变化情况。

主题回顾——现金流量折现和资本投资决策

是想马上收到一笔钱还是等到一年后再拿到这笔钱，面对这样的选择，大多数人肯定都会选择前者。人们之所以偏向尽早收到现金，有以下几个原因：落袋为安无须承担通货膨胀的风险，马上进行再投资并赚取收益，或可以马上用于消费和享受生活。收到现金的那一刻，关于现金是否会被支付的不确定性就消除了。

利息的本质，其实是对于人们放弃一段时期内的货币使用权所给予的某种补偿。之所以给予补偿，是因为在这段时期内，他们失去了在其他地方进行投资的机会，并且还需承担无法偿还的风险。下面以示例来说明如何基于 1,000 英镑的初始存款计算复利（年利率为 10%）。

第一年的利息是按照 1,000 英镑的投资本金及 10% 的年利率计算的。下面以数学公式来表示，用 P 代表本金、r 代表利率时，计算的利息就是 Pr。第一年末的账户余额即本息合计为 $P+Pr$，简化的写法就是 $P(1+r)$。以表格中的数据为例就是 1,000 英镑 × (1+0.1) = 1,100 英镑。

第二年的利息是按年初账户余额 1,100 英镑的 10% 计算的。第二年末的账户余额即本息合计就等于 $P(1+r)(1+r)$，也可以简化为 $p(1+r)^2$（见表 8-1）。

表 8-1 复利计算

(单位:英镑)

第一年	投资本金	1,000
	按照10%计算利息	100
	第1年末的账户余额	1,100
第二年	按照10%计算利息	110
	第2年末的账户余额	1,210

以此类推,就可以得到一个广义的本息计算公式,即 n 年后的账户余额等于 $P(1+r)^n$,然后我们就可以得到现值(PV)和终值(FV)的关系表达式:

$$FV = PV(1+r)^n$$

将上面示例中的数据带入公式,$FV = 1,000$ 英镑 $\times (1+0.10)^2$,即 $FV = 1,000$ 英镑 $\times 1.21 = 1,210$ 英镑。

如果知道一笔现金流量的终值,则可以基于终值计算出现值:

$$PV = \frac{FV}{(1+r)^n}$$

基于上面的示例,如果知道两年后的现金终值为 1,210 英镑:

$PV = 1,210$ 英镑 $\times 1/1.21$,所以 $PV = 1,210$ 英镑 $\times 0.8264 \approx 1,000$ 英镑。

综上所述,两年后收到的 1,210 英镑按照 10% 的折现系数计算的现值为 1,000 英镑。该方法是现金流量折现分析的基础,下文将会使用第二个示例进行说明。

净现值

现金流量折现(DCF)分析认为,将来某个时候收到的现金价值会比今天收到的现金价值低。该方法就是使用折现系数来计算未来现金流量的现值,其中折现系数反映的就是推迟收取现金的时间。

净现值(NPV)是指项目生命周期中所有负现金流量现值与所有正现金流量现值之差。如果现金流入的现值大于现金流出的现值,则项目的NPV就是正的。如果收益的现值小于成本的现值,则项目NPV就是负的。

项目NPV大于0,意味着项目收益率大于现金流量的折现率。相反,如果项目NPV小于0,则意味着该项目未能获得与折现率相当的收益率。

示例

今天拿出10,000英镑投资资本资产,该资产使用寿命为五年,且在使用周期结束时再无经济价值。预计在五年间,每年都会有2,600英镑的现金流入。图8-1显示了按照折现率8%计算的NPV。

	A	B	C	D	E	F	G	H
1		NPV	当前	1	2	3	4	5
2								
3	预测现金流量		-£10,000	£2,600	£2,600	£2,600	£2,600	£2,600
4								
5	8%的折现系数			0.92593	0.85734	0.79383	0.73503	0.68058
6								
7	现值	£381	-£10,000	£2,407	£2,229	£2,064	£1,911	£1,770
8								

图8-1 屏幕截图(三十八)

在DCF分析中,假设各年现金流量都发生在年末。如果预计某些特定年份的现金流量将发生在年初,则会假设该现金流量发生在上一年的年末。也就是说,在第一年年初花费的现金会假设发生在第0年,而且,无论使用什么样的折现率,该年现金流量对应的折现系数始终是1。其他年份的折现系数计算公式如下:

$$其他年份的折现系数 = \frac{1}{(1+r)^n}$$

这里的r代表折现率,n代表年份数。所以,第二年的折现因子等于:

$$\frac{1}{(1+0.08)^2} \approx 0.85734$$

净现值等于五年间各年的预测现金流量现值与第一年初始投资额合计数。该项目的 NPV 为 381 英镑,也就是说,该项目在折现率为 8% 的情况下可以为投资者创造 381 英镑的价值。NPV 为正,也表示项目生命周期内的平均回报率大于净现值计算中使用的折现率。投资决策准则是:在考虑了特定项目风险以及其他非财务因素的情况下,如果 NPV 为正或为 0,从经济价值角度上来说,该项目是值得投资的。如果 NPV 小于 0,则不值得投资。

内部收益率(IRR)

内部收益率(IRR)计算法是另外一种投资评估法,该方法也使用 DCF 分析对项目进行评估。项目 IRR 是项目生命周期内的平均回报率。如果将项目内部收益率当作折现率,则得出的 NPV 将恰好等于 0。如果使用的折现率小于项目 IRR,则项目 NPV 就会为正。相反,如果使用大于 IRR 的折现率进行计算,项目的 NPV 就会为负(见图 8 - 2)。

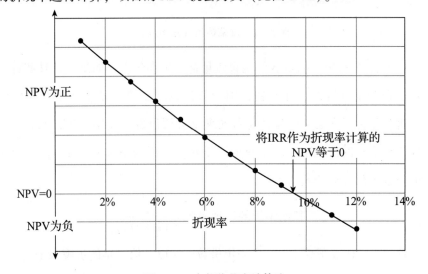

图 8 - 2 内部收益率计算法

在之前的示例中,项目 IRR 为 9.435%,将 IRR 作为折现率进行 DCF 计算时,NPV 就会等于 0(见图 8-3)。

	A	B	C	D	E	F	G	H
1		NPV	当前	1	2	3	4	5
2								
3	预测现金流量		-£10,000	£2,600	£2,600	£2,600	£2,600	£2,600
4								
5	9.435%的折现系数			0.91378	0.835	0.76301	0.69723	0.63712
6								
7	现值	£0	-£10,000	£2,376	£2,171	£1,984	£1,813	£1,657

图 8-3 屏幕截图(三十九)

公司通常将 IRR 与投资者要求的最低投资收益率联合使用。如果项目 IRR 等于或高于最低投资收益率,则可以投资。如果项目 IRR 低于最低投资收益率,则应该放弃投资。

通常,在进行投资评估时都会计算 NPV 和 IRR。尽管有些人认为 IRR 比 NPV 更容易被理解,但不建议仅依靠 IRR 进行投资决策。IRR 是一种百分比形式的计算指标,忽略了投资规模。对于两个互斥的项目只能二选一时,必须要考虑投资规模。图 8-4 列示了两个项目的对比数据,按照 15% 的折现率计算 NPV。

	A	B	C
1	年份	项目A	项目B
2			
3	0	-£1,500	-£10,000
4	1	£400	£2,500
5	2	£550	£3,500
6	3	£750	£4,500
7	4	£800	£5,000
8			
9	按照15%的折现率计算NPV	£214	£638
10	IRR	21%	18%
11			

图 8-4 屏幕截图(四十)

尽管项目 A 的 IRR 高于项目 B，但是对比投资规模并计算 NPV 可知，项目 B 创造的价值更高。IRR 与非常规项目现金流量模式一起使用时也要小心。资本投资项目通常第一年的现金流量为负，随后几年的现金流量才能为正。但是，在某些情况下——例如，一个核电站投资项目在生命周期期末正式停机时会产生一笔非常高的成本——这可能会导致项目结束时或结束前几年的现金流量为负。这类项目的现金流量就会从初期的负数变成正的，然后再变成负的，最后在计算 IRR 时可能会获得两个或多个结果。

Excel 中的 NPV 函数

Excel 中的 NPV 函数会基于一系列未来预计支付的现金流量（负值）和获得的现金收入（正值）按照设置的折现率计算投资净现值。该函数的正确写法为：

$$NPV(rate, value1, value2, \dots)$$

NPV 函数中包括以下参数：

- 比率（rate）是指计算 NPV 时使用的折现率。
- Value1，value2，…… 对应的时间节点间隔必须相等，而且该函数是使用值的顺序来说明现金流量的顺序，所以一定要按照需要的顺序输入支出值和收益值。如下方示例所示，NPV 函数也可以使用一个单元格区域内的数值进行计算。

NPV 函数中涉及的每期数值均发生在未来各期期末。如果初始现金流量发生在第一期的期初，则必须要将该数值从 NPV 函数的参数值中剔除，然后将其直接与函数计算结果相加。如果函数取值区域内涉及 0 值，则要输入数字 0 而不要让单元格为空，这一点很重要，因为如果单元格为空，

NPV 函数就会出错。

示例

第一年年初投入现金 5,000 英镑，项目资产使用寿命为三年，且使用周期结束时再无经济价值。该项目在三年间每年会有 2,000 英镑的现金流入。下面按照 10% 的折现率计算项目 NPV（见图 8-5）。

	A	B	C	D	E	F
1		NPV	0	1	2	3
2						
3	预测现金流量	-£26	-£5,000	£2,000	£2,000	£2,000
4						
5						

图 8-5 屏幕截图（四十一）

NPV 函数的使用如下（见图 8-6）：

	A	B	C	D	E	F
1		NPV	0	1	2	3
2						
3	预测现金流量	=NPV(0.1,D3:F3)+C3	-5000	2000	2000	2000
4						
5						

图 8-6 屏幕截图（四十二）

在 NPV 函数中，10% 的折现率是以小数形式列示的。然后会选择第一年到第三年的现金流量数值，最后再用 NPV 函数计算结果加上 C3 单元格中的数值，就可以得到项目的 NPV。其中 C3 单元格中列示的是发生在第一年年初即第 0 期的初始投资。

Excel 中的 IRR 函数

IRR 函数是计算一系列现金流量的内部收益率，这些现金流量发生的间隔时间必须相等，例如每月或每年。该函数的写法如下：

$$IRR(values, guess)$$

IRR 函数包括以下参数:

- 值(values)是数组或单元格的引用,这些单元格包含用来计算内部收益率的值。其中必须包含至少一个正值和一个负值才能计算 IRR。
- IRR 是用值的顺序来说明现金流量的顺序。一定要确保按照正确的顺序输入支出值和收入值。
- 如果数组或引用包含文本、逻辑值或空白单元格,这些数值将被忽略。
- Guess 值是对 IRR 函数计算结果的估计值。多数情况下不需要为 IRR 计算提供 guess 值,如果省略 guess 值,则假定为 0.1(也就是 10%)。如果 IRR 给出 #NUM! 错误值,或者如果结果与预期不符,请使用不同的 guess 值重试。

下面使用前面的示例说明(见图 8-7):

	A	B	C	D	E	F
1		IRR	0	1	2	3
2						
3	预测现金流量	9.7%	-£5,000	£2,000	£2,000	£2,000
4						
5						

图 8-7 屏幕截图(四十三)

图 8-8 中就是基于上面的示例数值使用 IRR 函数进行计算。

	A	B	C	D	E	F
1		IRR	0	1	2	3
2						
3	预测现金流量	=IRR(C3:F3)	-5000	2000	2000	2000
4						
5						

图 8-8 屏幕截图(四十四)

投资决策的相关成本和收益

投资决策的相关成本和收益是指由特定投资决策直接导致的增量现金流量。这就意味着：

- 使用 DCF 分析，投资决策完全是基于现金流量进行的，因此像折旧、摊销以及计提减值或准备金这些非现金项目应忽略。

- 相关成本是未来的现金流量——已经发生的成本与对未来投资做出的决策无关。例如，在考虑是否要恢复和完成以前放弃的项目时，已经产生的成本应忽略。因为无论是否决定重新投资，这些沉没成本都无法收回了。

- 相关成本是指与投资决策直接有关的成本。如果是无论投资决策如何都会产生的成本，就不属于相关成本。

- 如果投资项目能够用现有资源替代新资源，则必须将放弃的潜在收益计入相关成本中。例如，如果项目使用公司自有的土地，而土地本来可以在公开市场上出租，那么损失的租金就是机会成本。

- 如果像核算销售产品或提供服务所获得的利润那样计算一项投资的收益，那么准确反映营运资本和经营性现金流量的变动影响就很重要了。本书第 6 章介绍了销售收入变化是如何导致净营运资本变动的，进而引起经营性现金流量的增加或减少。这里还会使用投资决策模型进行说明。

- 投资带来更高利润的同时，也会面临更高的税金，由此产生的与税金有关的现金流量属于相关成本，应予以考虑。在计算与厂房设备有关的资本免税额时，适用的相关税收政策可能会对与税金有关的现金流量的发生时点和金额产生影响。相关假设可能需要听取专家意见。

利息和股息是支付给公司资本提供者的。在进行 DCF 分析时两者都可忽略，因为这两项内容已经通过折现系数反映在计算中。

使用哪种贴现率

无论使用哪种投资评估工具，都是为了筛选出一个能够为股东创造最大价值的投资机会。当投资产生的收益大于融资成本时，就会创造价值，因此，折现率可能与借入资金成本或公司整体资本结构——包括股本和债务资本下的总成本相关。这里通常会计算加权平均资本成本（WACC），相关内容将在第 10 章中讨论。如果将融资成本作为折现率来使用，则正的 NPV 就表示投资回报至少可以支付融资成本。但是，由于公司力求要为股东创造价值，也就是说，投资收益要高于融资成本，所以通常会设置一个可接受的最低投资收益率，而该收益率会高于 WACC。例如，如果一家公司的 WACC 是 11%，那么在进行投资决策时可能会使用 15% 的折现率——计算 NPV 时也会使用 15% 这个折现率，抑或在计算 IRR 时将 15% 设置为目标收益率。

投资收益也必须结合投资风险来考虑。如果投资风险高于平均水平，例如，在一个新兴国家进行投资，则可能需要在可接受的最低收益率上增加一个风险溢价。

DCF 和通货膨胀

公司进行长期投资时，未来收入和成本可能会受到通货膨胀的影响。实际上，在投资分析中通常会忽略通货膨胀，通常是因为下面几种情况：

- 预计价格和成本不会遭遇严重的通货膨胀。
- 无法预测通货膨胀的影响。
- 包括收益和成本在内的所有投资中的现金流量，其面对的通货膨胀率大致相同。

在有些地方，通货膨胀可能是一个需要考虑的重要因素，例如，在一个受高通胀影响的地区进行投资，就应该考虑通货膨胀因素——假设总能够对未来的通货膨胀率做出合理预测。在这种情况下，应该按照年通货膨胀率调整每年的现金流量。第 n 年考虑通货膨胀因素后的现金流量计算如下，其中 i 代表年通货膨胀率：

$$现金流量 = 按照当前物价计算的现金流量 \times (1+i)^n$$

DCF 分析中使用的折现率通常与公司的资本成本有关，而资本成本本身是基于债务和股权融资市场的利率计算的。市场回报和收益率的背后反映了对未来通货膨胀率的预期，当把资本成本当作折现率时，其对应的就是考虑通货膨胀因素后的现金流量。

DCF 投资分析——实践方法

有些项目预计在整个生命周期中的各期自由现金流量都会不一样，例如，原油开采公司，在油田的开采周期内产量达到峰值后自由现金流量就会下降，所以可能需要计算项目每年的自由现金流量。很多其他类型的项目则会采用更简单的方法——例如，一家化工厂的使用寿命可能为 25 年或更长,尽管该项目生命周期中的所有现金流量都很重要,但没有必要分别进行25次或更多次的现值计算。

化工厂通常需要运行一段时间后,才能实现产能的满负荷运转并开始进行产品市场拓展。一般来说,项目收入会持续增长几年,然后达到稳定,甚至可能直至厂房使用寿命到期。在这种情况下,可以采用一种实用的两阶段 DCF 投资分析法(在投资决策模型中会进行说明):

- **第一阶段**:公司发展和成长期内的各年收益和成本都要进行详细预测。该阶段又称离散预测期或竞争优势期,通常为五年。
- **第二阶段**:对投资项目剩余生命周期内的所有未来现金流量的现值进行估算,包括剩余年份的收入和成本,以及该阶段末期设备和营运资本处置价值。称为终值或剩余价值,会作为离散预测期最后一年的现金流量参与计算。终值对应的折现率与离散预测期最后一年的其他现金流量的折现率相同。

计算终值

计算投资项目终值的方法很多。对于项目生命周期较短的投资,例如,某件设备可能会在五年后被其他新设备所取代,则可以按照设备的处置价值计算终值。如果预计当前现金流量在离散预测期结束后还能维持若干年,则可以使用年金法计算终值。

年金是指未来给定时期内的固定现金流量。可以按照上文中介绍的 DCF 方法计算每期的现值(PV),不过如果使用下方公式,则仅需一步就可以计算出现值:

$$PV = \frac{A}{r} \times \left[1 - \frac{1}{(1+r)^n} \right]$$

式中 A——固定现金流量；

　　　r——折现率，会以小数形式表示；

　　　n——时期数。

示例

在离散预测期结束后的十年间，预计投资项目每年都会产生 250,000 英镑的现金流量。在 10 年现金流量稳定期的期末投资资产无经济价值。下面会按照 12% 的折现率进行 DCF 分析。

$$PV = \frac{250,000 \text{ 英镑}}{0.12} \times \left[1 - \frac{1}{(1.12)^{10}} \right] = 2,083,333 \text{ 英镑} \times 0.678027 \approx$$

1,412,556 英镑

或者，也可以使用 Excel 中的 PV 函数计算年金现值。

Excel 中的 PV 函数

PV 是 Excel 中的一个财务函数，会基于固定现金流量和折现率计算现值。该函数的基本写法为：

$$PV(\text{rate}, \text{nper}, \text{pmt})$$

函数中的参数为：

- **利率（rate）**：与现金流量折现分析中使用的折现率相同。
- **nper**：年金的付款总期数。
- **pmt**：每期固定的现金流量。

年金增长法

年金增长法允许年金期限内的现金流量出现增长。该计算会在年金计算的基础上增设一个增长率参数,在公式中用"g"表示。

$$PV = \frac{A}{r-g} \times \left[1 - \left(\frac{1+g}{1+r}\right)^n\right]$$

永续年金是指在未来无限期内都会产生的年度固定现金流量。永续年金现值计算公式如下:

$$PV = \frac{A}{r}$$

式中　A——固定现金流量;

　　　r——折现率,会以小数形式表示。

如果使用的折现率大于10%,则大约20年后年金现值计算结果就近似于永续年金计算结果,所以使用这个更加简单的公式就可以得到想要的终值。

投资决策模型工作簿

工作簿包括两个工作表:一个输入数据表和一个用于DCF分析的计算表,投资NPV和IRR都会列示在输入数据表中,这样一来,只要修改假设,就可以立即查看计算结果的变动情况。

很多不同类型的投资分析技术都会使用DCF分析(公司估值也是其中之一,将会在第10章单独进行讨论)。为了尽可能地阐述上述投资决策原理,这里会对一个新厂房的投资项目创建模型,以处理常见的投资决策问题。

投资决策模型中的输入数据表（见图 8-9）

	A	B	C	D	E	F	G
1	投资决策假设						
2	以千英镑计	0	1	2	3	4	5
3	初始投资	£100,000					
4	销售收入		£45,000	£70,000	£100,000	£120,000	£135,000
5	销货成本占销售收入的百分比		45%	45%	45%	45%	45%
6	营业成本占销售收入的百分比		30%	30%	30%	30%	30%
7	资本免税额		£3,000	£3,000	£3,000	£3,000	£3,000
8	所得税率		15%	15%	15%	15%	15%
9	存货周转天数		90	90	90	90	90
10	应收账款周转天数		60	60	60	60	60
11	应付账款周转天数		40	40	40	40	40
12	厂房和设备更新		£0	£2,000	£3,000	£5,000	£5,000
13	项目生命周期(年份数)	20					
14	资产使用寿命结束时的价值	£60,000					
15	折现率	15%					
16							
17	项目 NPV	£1,562					
18	项目 IRR	15.4%					

图 8-9 屏幕截图（四十五）

该示例是一个新建的制造厂，工厂使用寿命为 20 年，第一年年初投入 1 亿英镑。该模型设置了一个为期五年的离散预测期，在此期间，工厂逐渐开始全面运转，销售收入增长反映了其产品市场潜力的逐渐释放。假设销售收入在五年后达到稳定，假设通货膨胀率会一直维持在当前水平且对收益和成本的影响相同。因此，在本模型中不考虑通货膨胀的问题。

这里的销售收入假设数据都是直接输入的，但第二年至第五年的数据也可以用上一年的数据乘以增长百分比来计算。

假设销货成本是按占销售收入的百分比计算的，因为这类成本基本都是变动成本。虽然其他营业成本也会按照其占销售收入的百分比来计算，但实际上这类成本通常都是固定的。如果需要，可以按照实际情况修改输入性假设。其他营运成本不包括折旧、摊销或资产减值等非现金费用。

输入的资本免税额是为了计算应纳税所得额，后者是支付税金的计算基础。税率百分比对应的就是应纳税所得额。

营运资本计算是基于存货周转天数、应收账款周转天数和应付账款周转天数假设进行的。第 3 章介绍的应收账款周转天数（DSO）计算公式如下：

$$应收账款周转天数 = \frac{应收账款}{销售收入} \times 365$$

已知 DSO 和销售收入的情况下，就可以使用下面的公式计算应收账款：

$$应收账款 = \frac{DSO}{365} \times 销售收入$$

存货和应付账款的计算与之类似，不过公式中使用的是销货成本而不是销售收入。

工厂和设备更换是指在项目生命周期内，为维持工厂生产能力需要额外支付的现金。

资产使用寿命结束时的价值包括生产性资产的出售或报废价值，以及项目生命周期结束时的营运资本价值。

折现率会在 DCF 分析中使用。

DCF 分析（见图 8-10）

	A	B	C	D	E	F	G
1	现金流量折现分析						
2	以千英镑计	0	1	2	3	4	5
3	初始投资	£(100,000)					
4	销售收入		£45,000	£70,000	£100,000	£120,000	£135,000
5	销货成本		£(20,250)	£(31,500)	£(45,000)	£(54,000)	£(60,750)
6	营业成本		£(13,500)	£(21,000)	£(30,000)	£(36,000)	£(40,500)
7	支付税金			£(1,238)	£(2,175)	£(3,300)	£(4,050)
8	经营性现金流		£11,250	£16,263	£22,825	£26,700	£29,700
9							
10	存货		£4,993	£7,767	£11,096	£13,315	£14,979
11	应收账款		£7,397	£11,507	£16,438	£19,726	£22,192
12	应付账款		£(2,219)	£(3,452)	£(4,932)	£(5,918)	£(6,658)
13	净营运资本		£10,171	£15,822	£22,602	£27,123	£30,513
14	净营运资本变动额		£(10,171)	£(5,651)	£(6,780)	£(4,521)	£(3,390)
15							
16	厂房和设备更换		£0	£(2,000)	£(3,000)	£(5,000)	£(5,000)
17							
18	可持续的税后经营性现金流						£21,138
19	税后经营现金流量的年金现值						£123,602
20	资产使用寿命结束期末资产价值的折现值						£7,374
21	终值						£130,976
22							
23	净现金流量	£(100,000)	£1,079	£8,612	£13,045	£17,179	£152,286
24							
25	项目NPV	£1,562					
26	项目IRR	15.4%					

图 8-10 屏幕截图（四十六）

图 8-11 列示了第 0 期和第 1 期现金流量的计算公式。

初始投资是从输入数据表中提取的，且 B3 单元格中的现金流量应该是负的。销售收入也是从输入数据表中提取的，输入数据表中的百分比假设会用来计算销货成本和营业成本，且这两项现金流量都应该是负的。在 DCF 分析中，会假设从实现盈利的一年后开始缴纳税金，因此第一年不会缴税。

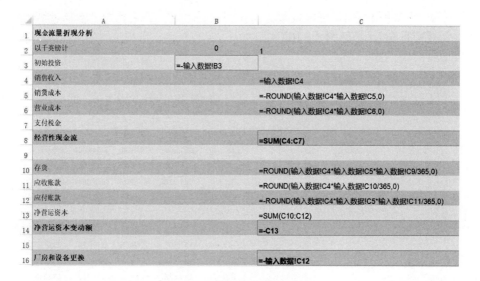

图 8-11 屏幕截图（四十七）

综上所述，营运资金是根据存货周转天数、应收账款周转天数和应付账款周转天数的假设计算的。注意，应付款项应该是负数，以便计算净营运资金。净营运资金增加将会导致现金流量减少，由于第 0 年的营运资本为 0，所以第一年的营运资本增加额就等于第一年当年的营运资本金额。工厂和设备更换成本是从输入数据表中提取的，且会显示为负的现金流量。

离散预测期第二年到第五年常规投资现金流量的计算公式都是一样的，具体请参见图 8-12 中第二年数据的计算公式。

第二年销售收入、销货成本和营业成本的计算方法与第一年相同。使用输入数据表中的资本免税额假设数据，再基于第一年的利润，就可以计算出第二年的支付税金数值。如果项目第一年出现纳税亏损，那么这部分亏损金额在第二年就会以正的现金流量来表示——这里隐含了一个假设，即可用这部分亏损金额抵减其他业务的利润。一些专业人士可能会提出异议，认为评估某些特定项目时不应考虑这种外部现金流量，但是不管怎样，项目初期的纳税亏损是可以抵减后期利润的。因此，最坏的情况就是过早确认了纳税亏损抵免额。如果以上数值对于投资决策至关重要，那么就一定要创建更加准确的模型数据，即便使用更加复杂的公式也在所不惜。

	A	D
1	现金流量折现分析	
2	以千英镑计	2
3	初始投资	
4	销售收入	=输入数据!D4
5	销货成本	=-ROUND(输入数据!D4*输入数据!D5,0)
6	营业成本	=-ROUND(输入数据!D4*输入数据!D6,0)
7	支付税金	=-(C4+C5+C6-输入数据!C7)*输入数据!C8
8	经营性现金流	=SUM(D4:D7)
9		
10	存货	=ROUND(输入数据!D4*输入数据!D5*输入数据!D9/365,0)
11	应收账款	=ROUND(输入数据!D4*输入数据!D10/365,0)
12	应付账款	=-ROUND(输入数据!D4*输入数据!D5*输入数据!D11/365,0)
13	净营运资本	=SUM(D10:D12)
14	净营运资本变动额	=C13-D13
15		
16	厂房和设备更换	=-输入数据!D12
17		

图 8-12 屏幕截图（四十八）

营运资本的计算方法与第一年相同，但影响现金流量的营运资本变动额是第二年营运资本与第一年营运资本的差额。

图 8-13 中显示了终值计算公式。

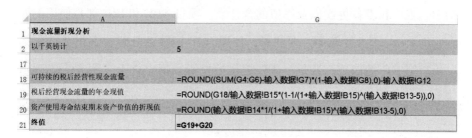

图 8-13 屏幕截图（四十九）

可持续的年度税后经营性现金流量是基于离散预测期内最后一年的现金流量计算的。扣除支付税金就可以得到利润，其中支付的税金是基于最后一年的利润而不是上一年的利润计算的。离散预测期最后一年的工厂设备更换成本会从税后利润中扣除。由于假设项目剩余生命周期内的销售收入将保持稳定，因此也会假设同期内的营运资本保持不变。

可持续的年度税后经营性现金流量的年金价值计算方法已在上文中介绍过——年金期限等于总的项目生命周期减去五年离散预测期。在上面的示例中，剩余的年金期限为15年（即总的生命周期20年减去5年离散预测期）。

资产报废价值的现值是基于输入数据表中的假设计算的。相关假设包括预计的实物资产处置价值和项目结束运营后营运资本的变现价值。基于第15年年末的折现系数和资产总值，就可以计算出资产现值。再加上可持续现金流量的年金现值，就可以得到投资项目的终值。

上文中已经讲过，通常情况下，将项目IRR作为折现率计算出的NPV恰好等于0。在本例中，使用折现率计算出的年金现值又被作为项目终值来使用，所以就形成了一个循环引用，即用于计算剩余价值的IRR本身也会随着剩余价值的变化而变化。如果终值是一个固定数值，那么将IRR作为折现率计算的NPV就是0。

DCF分析第23行中的净现金流量是经营性现金流量、净营运资本变动额、工厂和设备更换以及终值的合计数。项目NPV和IRR都是使用上面介绍的Excel函数计算的。要注意，使用NPV函数计算时，不仅要选中第一年至第五年的净现金流量，还要把初始投资数据也选上。图8-14列示了NPV函数和IRR函数的计算公式。

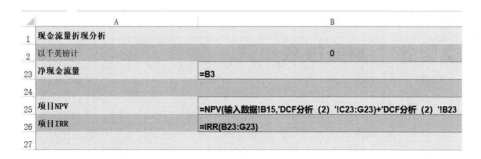

图 8-14 屏幕截图（五十）

将该表中的 NPV 和 IRR 计算结果复制到输入数据表中，只要修改任意假设，就可以马上查看新的计算结果。另外，这样也会比较容易对投资项目进行各种风险的敏感性测试。

投资决策模型使用的示例虽然有点复杂，但它是一个适合使用 DCF 方法的常规示例。另外，例如准备投资一台设备，决策参数可能就没有这么复杂，此时就可以对上述模型进行相应的调整。

收购另一家公司是最常见的资本投资方式之一，此时就需要对公司价值进行评估。本书第 10 章将介绍和讲解投资分析师和财务专业人员可以使用的估值方法。

第9章
模型6：财务报表预测

在一个从业30多年的专业人士看来，对本行业最深刻的感受就是变革速度之快。当今的国际市场竞争激烈，我们也面临着前所未有的风险和不确定性，在几个月内原油价格就暴跌70%的时代，使用预测模型对商业分析是非常重要的，它有助于我们了解各种风险事件对于公司绩效以及经营结果的影响。

财务报表预测模型

- **使用者**：财务分析师、财务总监或财务经理通常会使用此财务模型对关键性财务指标进行风险敏感性测试。
- **目的**：在模型中，我们会根据需要输入尽可能少的关键性驱动变量，以获得一系列财务报表预测数据，并基于这些数据计算重要的财务指标，例如股权权益报酬率和利润率。
- **输出**：最后会得到一套常规的财务报表，以及预测期关键性财务指标计算汇总表。
- **输入**：在 Excel 中会设置一个输入数据表，生成一套完整财务报表所需的大约 25 个关键性驱动变量假设都会列示在该表中。
- **计算**：财务报表的输出结果中会嵌入计算过程。

- **设计**：在输入数据表中设置关键性驱动变量假设列。计算和输出结果会合并列示在四张财务报表以及汇总表中。

主题回顾——风险对财务绩效的影响

大部分商业决策都会面临一些风险或不确定性因素。决策者会根据自己对未来的判断做出决策，但实际结果可能会与预想有所出入，可能好过预期，也可能比预期更糟。

不确定性源于缺少未来可能发生事情的相关信息，这就使得销售收入和成本预测存在更多的可能性，也可能更加不准确。如果获取的其他信息质量比较好，可以在一定程度上减少预测的不确定性，但从本质上来说，不确定性是无法被完全消除的。预测成熟产品的销售收入时，可以对其历史销售数据进行统计学分析，并按照需要调整销售量与价格的变动，即使这些市场人口统计数据以及消费者品味的变化仍然存在不确定性。预测新产品的销售收入时，由于没有历史数据和历史销售收入变化趋势作为参考，所以不确定性会更大。

当需要在各种可能性中做出决策时，就会面临风险——有时可能会用概率比较准确地量化每个可能结果的不确定性，并对此进行统计分析。在大多数情况下，公司都会面临不确定性或风险，所以风险对于成本和利润增加的潜在影响，决策者必须始终做到心中有数。评估风险影响时，通常会用到多种方法。

期望值

如果不同结果的风险可用概率来反映，就可以用期望值进行分析。当为每个可能出现的结果都附上一个概率值时，就可以将最后的决策量化成一个期望值或加权平均值。

$$期望值（EV）= 各种可能的结果的加权平均值$$

基于每个可能的结果数值和发生概率，就可以计算加权平均值。

$$EV = \sum px$$

式中，p 表示每个结果的概率；x 表示每个结果的值，计算出的就是加权平均值。

示例

公司必须从三个项目中选择一个进行投资，而且这三个项目属于互斥项目，只能选择其一。所有项目均不涉及任何初始投资。每个项目产生的预计年度现金流量取决于市场情况。表 9-1 中展示了每个项目的预计年度现金流量。

表 9-1 预计年度现金流量

市场情况	下滑	平稳	上升
概率	0.2	0.3	0.5
项目 1（千英镑）	£100	£200	£900
项目 2（千英镑）	£0	£500	£600
项目 3（千英镑）	£180	£190	£200

上面的投资回报矩阵列示了在不同市场条件下不同决策可能产生的所有结果。矩阵中的数据可用于计算年度现金流量的期望值（EV），具体结果请见表 9-2。

表 9-2　年度现金流量的期望值

市场情况	概率	项目1（千英镑）		项目2（千英镑）		项目3（千英镑）	
		利润	EV	利润	EV	利润	EV
下滑	0.2	£100	£20	£0	£0	£180	£36
平稳	0.3	£200	£60	£500	£150	£190	£57
上升	0.5	£900	£450	£600	£300	£200	£100
			£530		£450		£193

根据表9-2的EV数值计算结果，会选择项目1，因为该项目的年度现金流量期望值最高。该风险管理方法的优点是，已经将所有可能的结果以及各种结果发生的概率都考虑在内。另外，使用该方法进行决策时会考虑每个可能结果的概率，这相当于用一个数值来量化决策风险，这样在对比各方案的优劣时就会比较容易。

实际上，各种可能结果发生的概率往往很难预计，如果概率不准确，期望值也会因不准确而失去了使用价值。加权平均计算法也意味着实际结果可能会与实际的EV数值有出入。因此，除非同样的决策重复多次，否则不可能获得EV数值。

模拟建模

在实际的商业决策中，通常会涉及许多不同的变量，每个变量都有可能导致不同的结果，而且这些变量之间的关系可能很复杂。在这种情况下，最需要的就是尽可能多地获得与风险和可能的结果有关的信息，而不是计算最有可能实现的期望值。这里可能需要进行更加复杂的模拟建模，以便处理更加复杂的情况。

蒙特卡洛模拟建模

蒙特卡洛模拟建模可用于更加复杂的基于概率进行的决策,这类模型通常会使用大量相互关联的变量,并估计各种结果值可能出现的概率。然后,按照概率给每个变量分配一个随机数,这些随机数的分布反映的就是概率分布。接下来就可以使用模型计算每个变量给定赋值下的结果或结果值,模拟结果依赖于每个变量对应的随机数。

蒙特卡洛模拟会基于 Excel 或其他更专业的软件生成的各组随机数,反复进行大量的迭代计算。对计算结果进行进一步分析,就可以得到数据分布概率,然后就可以对给定情况下的风险进一步进行统计分析。

上述模拟计算为我们提供了更多与可能的结果和发生概率有关的信息,有了这些信息,就可以对商业决策中涉及的风险进行统计分析,这在处理复杂问题时会非常有用。但蒙特卡洛模拟并不是一项商业决策工具。它只是一个可以获取更多与风险和可能结果发生概率有关信息的方法。

情景分析

情景分析是基于各种风险事件可能对未来替代方案产生的影响进行的预测分析。该方法并不是要得出一个明确的判定结果,而是给出一组可能出现的情况——通常包括一个最好情况、最坏情况和一个最可能出现的情况。进行情景分析时,Excel 中的方案管理器功能可能会派上用场。

敏感性分析

敏感性分析或假设分析是一种针对风险和不确定性进行建模的方法,目的就是测试关键变量或关键因素数值变化对预期结果的影响。例如,在设置计划和预测时，可能会测试预测期内销售量或产品价格变化对计划利润的影响。当无法确定预测值时，就可以使用假设分析来评估一旦预测出错究竟会产生怎样的后果。例如，如果管理层认为他们估算的销量不准确率可能达到20%，就可以进行敏感性分析，以评估如果销量比预测值低20%，测算结果会发生怎样的变化。

预测财务报表以进行敏感性分析

在许多情况下，为了评估公司的财务绩效和实力，需要对财务报表进行详细的预测。通过计算第3章中介绍过的各种财务指标，就可以构建财务报表预测数据，例如，为了与之前同期内设置的计划进行对比，而对一家公司财政年度绩效进行预测。在向那些想要测算驱动因素对关键性财务绩效指标影响的潜在投资者介绍公司发展计划时，就包含预测的财务报表数据。

预测财务报表的常规方法

传统的财务报表预测方法通常会遵循公司的财务核算系统框架预测财务数据，其重点关注的是输出结果。该方法通常会生成一个可能包含上百行的大型 Excel 电子表。如果要检验各种风险事件对公司财务结果的影响，那么这种细化输出结果的预测方法会导致预测缺乏灵活性且很难修改。对于一家全球知名的收费卡公司，用于预测财务报表的电子表可能会有200多行且需要耗费8周来整理整个集团的数据，这种预测缺乏灵活性，以致几乎无法进行假设分析。

关键业务驱动因素

收费卡公司确定关键业务驱动因素，会对 80% 的财务数据产生影响，而这些关键驱动因素在传统预测表中仅占 15 行。例如，以前对客户收入进行的详细预测会占 30 行，但实际上，决定该数值的驱动因素就两个：随时发行的签账卡数量以及每张卡的平均消费金额。将建模的重点放在输入项上，并尽量使用最少的驱动因素进行预测，可以简化预测过程，提升预测速度，这样的预测模型将在评估和管理潜在风险和不确定性上发挥更大作用（见图9-1）。

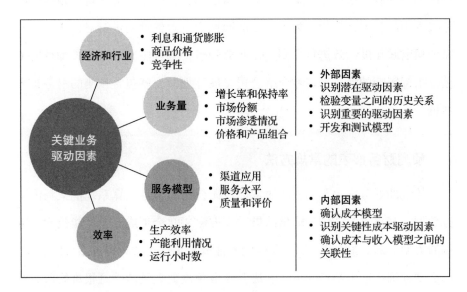

图9-1 关键业务驱动因素

外部和内部驱动因素都会影响公司绩效。在某些行业，例如石油、天然气和石化行业，商品价格和美元汇率就是关键因素。其他行业内的很多公司，销售量可能取决于市场增长潜力、客户保持率和市场渗透率等因素。内部驱动因素除了生产成本和营运资本驱动因素之外，还可能包括产能利用率和废品率。

企业通常会确定一个与关键性业务驱动因素相关的内外部因素组合。有些外部因素是众所周知的，例如对于石油和天然气行业的公司而言，原油市场价格就是关键的外部因素。分析历史财务数据或使用像头脑风暴这样的问题处理方法就可以识别那些不太明显的驱动因素。基于对公司所处市场、供应链和成本结构的了解，可能更容易识别内部驱动因素。

一旦确定了一组可能的驱动因素，则可以使用回归和相关方法来测试这些因素与财务绩效的历史关系。最后就可以确定预测所需的关键性驱动因素。

财务报表预测模型工作簿

该工作簿包括五个工作表：输入数据表、计算和输出数据汇总摘要表、利润表、资产负债表和现金流量表。

表 9-3 至表 9-7 列示的是 Omicron 设计有限公司的财务报表。在输入数据表中给出了报表科目的期初余额。

表 9-3 Omicron 设计有限公司的利润表

（单位：千英镑）

截至 12 月 31 日	2016 年	2015 年
销售收入	143,000	132,000
销货成本	(94,380)	(85,800)
毛利润	48,620	46,200
行政管理费用	(31,000)	(28,000)
折旧	(4,000)	(3,600)
营业利润	13,620	14,600

(续)

截至 12 月 31 日	2016 年	2015 年
财务成本	(950)	(1,050)
税前利润	12,670	13,550
税金	(2,787)	(2,981)
年度净利润	**9,883**	**10,569**
其他综合收益		
年度综合收益合计	**9,883**	**10,569**

表 9-4 Omicron 设计有限公司的所有者权益变动表

(单位：千英镑)

	股本	重估储备	留存收益	合计
2014 年 12 月 31 日余额	10,000	1,650	35,405	47,055
股利支付			(5,000)	(5,000)
年度利润			10,569	10,569
2015 年 12 月 31 日余额	10,000	1,650	40,974	52,624
股利支付			(5,000)	(5,000)
年度利润			9,883	9,883
2016 年 12 月 31 日余额	**10,000**	**1,650**	**45,857**	**57,507**

表 9-5 Omicron 设计有限公司的资产负债表

(单位：千英镑)

截至 12 月 31 日	2016 年	2015 年
非流动资产		
物业、厂房和设备	35,300	35,800
	35,300	35,800

(续)

截至 12 月 31 日	2016 年	2015 年
流动资产		
存货	8,619	6,998
应收账款	29,384	25,315
现金及现金等价物	3,470	5,806
	41,473	38,119
流动负债		
其他应付款	(5,516)	(4,665)
借款	(3,000)	(3,000)
应付税金	(400)	(250)
	8,916	7,915
流动资产净额	32,557	30,204
非流动负债		
借款	(10,000)	(13,000)
递延所得税负债	(250)	(230)
准备金	(100)	(150)
净资产	**57,507**	**52,624**
股本	10,000	10,000
盈余公积	1,650	1,650
留存收益	45,857	40,974
股东权益	**57,507**	**52,624**

表 9-6 物业、厂房和设备

(单位：千英镑)

	土地及建筑物	厂房及设备	固定装置及设备	合计
成本				
2015 年 1 月 1 日余额	27,500	33,300	4,700	65,500
新购资产		3,500		3,500
处置资产				
2015 年 12 月 31 日余额	**27,500**	**36,800**	**4,700**	**69,000**
2016 年 1 月 1 日余额	27,500	36,800	4,700	69,000
新购资产		3,500		3,500
处置资产				
2016 年 12 月 31 日余额	**27,500**	**40,300**	**4,700**	**72,500**
累计折旧				
2015 年 1 月 1 日余额	450	26,750	2,400	29,600
年折旧费	150	3,000	450	3,600
处置资产				
2015 年 12 月 31 日余额	**600**	**29,750**	**2,850**	**33,200**
2016 年 1 月 1 日余额	600	29,750	2,850	33,200
年折旧费	150	3,400	450	4,000
处置资产				
2016 年 12 月 31 日余额	**750**	**33,150**	**3,300**	**37,200**
账面价值				
2015 年 12 月 31 日	**26,900**	**7,050**	**1,850**	**35,800**
2016 年 12 月 31 日	**26,750**	**7,150**	**1,400**	**35,300**

表 9-7　Omicron 设计有限公司的现金流量表

(单位：千英镑)

截至 12 月 31 日	2015 年	2014 年
营业利润	13,620	14,600
折旧	4,000	3,600
利息支付	(950)	(1,050)
税金支付	(2,637)	(2,931)
	14,033	14,219
存货(增加)/减少	(1,621)	(423)
应收账款(增加)/减少	(4,069)	(3,945)
应付账款(减少)/增加	851	720
准备金(减少)/增加	(30)	100
经营活动产生的净现金	**9,164**	**10,671**
购置厂房和设备	(3,500)	(3,500)
投资活动使用的净现金	**(3,500)**	**(3,500)**
偿还借款	(3,000)	(3,000)
股利支付	(5,000)	(5,000)
融资活动使用的净现金	**(8,000)**	**(8,000)**
现金及现金等价物净变动额	**(2,336)**	**(829)**
现金及现金等价物年初余额	5,806	6,635
现金及现金等价物年末余额	**3,470**	**5,806**

财务报表预测模型中的输入数据表

图 9-2 和图 9-3 中的 B、C、D 和 E 列中输入的是 2017 年至 2019 年预测财务报表所需的假设数据。F26 单元格中还有一个额外假设，是预测

期期末的借款偿还金额。可将这部分金额计入资产负债表的流动负债（如果需要），表示最后预测期期末 12 个月内需要偿还的借款。

具有实用价值的财务模型，其重要属性之一就是简洁。这通常意味着，只要不是必需的，任何让模型复杂化的设置都应该坚决摒弃。输入的假设项均是基于关键的业务驱动因素以及它们之间的关系设置的，而且驱动因素的变化都可以反映到财务绩效和财务报表数据中。

	A	B	C	D	E	F
1	财务报表假设数据		除非另有说明，否则假设所有金额以千英镑计			
2	公司名称		Omicron 设计有限公司			
3	截至日期		12月31日			
4	时期	2016年	2017年	2018年	2019年	
5	利润表					
6	销售收入		144,000	146,000	147,000	
7	销货成本 占销售收入的百分比		44.0%	43.3%	43.0%	
8	直接成本		32,000	33,000	34,000	
9	间接成本		32,000	33,000	34,000	
10	有效的所得税率		22.0%	22.0%	22.0%	
11	非流动资产					
12	成本期初余额	72,500				
13	新购资产		6,000	6,000	6,000	
14	按照成本处置旧资产		2,500			
15	处置收益		750			
16	折旧初始余额	37,200				
17	年度折旧额		4,000	4,500	5,000	
18	处置时的累计折旧		2,000			
19	营运资本			营运资本周转天数			
20	存货	8,619	52	45	50	
21	应收账款	29,384	71	70	65	
22	应付账款	5,516	31	30	30	
23	借款					
24	期初余额	13,000				
25	新借入金额					
26	偿还金额		2,000	2,000	2,000	2,000
27	利息支付		700	600	500	

图 9-2 屏幕截图（五十一）

	A	B	C	D	E	F
28	股东权益					
29	股本	10,000				
30	盈余公积	1,650				
31	留存收益	45,857				
32	股利支付		5,000	5,000	5,000	
33	其他负债					
34	应计税金期初余额	400				
35	当期应计税金占应付税金的百分比		22.0%	22.0%	22.0%	
36	递延税金及其他准备金	350	360	370	350	
37						
38						
39						
40						

图 9-3 屏幕截图（五十二）

预测利润表

基于 C、D 和 E 列中输入的假设数据，就可以生成标准的综合收益表（见图 9-4）。发布的综合收益表中通常还会包含货币换算金额和养老金调

	A	B	C	D	E	F	G	H	I
1	Omicron 设计有限公司								
2	综合收益表								
3				期末 12月31日					
4		2017 年		2018 年		2019 年			
5		千英镑	%	千英镑	%	千英镑	%		
6	销售收入	144,000	100.0%	146,000	100.0%	147,000	100.0%		
7	销货成本	(95,360)	(66.2%)	(96,218)	(65.9%)	(97,210)	(66.1%)		
8	毛利润	48,640	33.8%	49,782	34.1%	49,790	33.9%		
9									
10	行政管理费用	(31,750)	(22.0%)	(33,000)	(22.6%)	(34,000)	(23.1%)		
11	折旧	(4,000)	(2.8%)	(4,500)	(3.1%)	(5,000)	(3.4%)		
12	营业利润	12,890	9.0%	12,282	8.4%	10,790	7.3%		
13									
14	财务成本	(700)	(0.5%)	(600)	(0.4%)	(500)	(0.3%)		
15	税前利润	12,190	8.5%	11,682	8.0%	10,290	7.0%		
16									
17	税金	(2,682)	(1.9%)	(2,570)	(1.8%)	(2,264)	(1.5%)		
18	年度利润	9,508	6.6%	9,112	6.2%	8,026	5.5%		
19									

图 9-4 屏幕截图（五十三）

整金额——这些数值基本上无法预测，而且它们与常规商业决策过程无关。因此，在财务报表模型中尝试预测这两项数值并没有什么实际意义。除了预计货币价值之外，还会使用销售收入百分比这种共同比指标，这样就更容易比较各个预测期的计算结果。

图9-5显示了利润表中的计算公式（以2017年数据为例），不过2018年和2019年的计算方法与2017年相同。

B3单元格中使用了CONCATENATE文本函数，该函数可以根据期末时间的变化生成包含文本的标题，而具体时间数值取决于输入数据表B3单元格中的内容。

请注意，行政管理费用中包括任意资产的处置收益或损失。

C列中使用了IFERROR函数，目的就是防止没有输入假设数据的位置返回错误信息：#DIV/o！

	A	B	C
1	=输入数据!B2		
2	综合收益表		
3		=CONCATENATE("期末 ",输入数据!B3)	
4		=输入数据!C4	
5		千英镑	%
6	销售收入	=输入数据!C6	=IFERROR(B6/B$6,0)
7	销货成本	=-ROUND(输入数据!C6*输入数据!C7+输入数据!C8,0)	=IFERROR(B7/B$6,0)
8	毛利润	=B6+B7	=IFERROR(B8/B$6,0)
9			
10	行政管理费用	=-输入数据!C9+输入数据!C15-输入数据!C14+输入数据!C18	=IFERROR(B10/B$6,0)
11	折旧	=-输入数据!C17	=IFERROR(B11/B$6,0)
12	营业利润	**=B8+B10+B11**	**=IFERROR(B12/B$6,0)**
13			
14	财务成本	=-输入数据!C27	=IFERROR(B14/B$6,0)
15	税前利润	**=B12+B14**	**=IFERROR(B15/B$6,0)**
16			
17	税金	=-ROUND(B15*输入数据!C10,0)	=IFERROR(B17/B$6,0)
18	年度利润	**=B15+B17**	**=IFERROR(B18/B$6,0)**
19			

图9-5 屏幕截图（五十四）

预测资产负债表

除了给出物业、厂房及设备和借款的分析说明，财务报表预测模型还会生成垂直排布的财务状况表（资产负债表）和股东权益变动表。基于输入数据表 B 列中的假设可以获得预测数值，然后就可以与上一年的实际财务数据进行对比（见图 9-6 至图 9-9）。

	A	B	C	D	E	F	G	H
1	Omicron 设计有限公司							
2	资产负债表							
3	以千英镑计				截至12月31日			
4	2016年			2017年		2018年		2019年
5			非流动资产					
6	35,300		物业、厂房和设备	36,800		38,300		39,300
7	35,300			36,800		38,300		39,300
8			流动资产					
9	8,619		存货	9,027		7,794		8,659
10	29,384		应收账款	28,011		28,000		26,178
11	3,470		现金及现金等价物	5,508		7,164		8,059
12	41,473			42,546		42,958		42,896
13			流动负债					
14	(5,516)		应付账款及其他应付款	(5,381)		(5,196)		(5,195)
15	(2,000)		借款	(2,000)		(2,000)		(2,000)
16	(400)		当期应计税金	(590)		(565)		(498)
17	(7,916)			(7,971)		(7,761)		(7,693)
18								
19	33,557		净流动资产	34,575		35,197		35,203
20								
21			非流动负债					
22	(11,000)		借款	(9,000)		(7,000)		(5,000)
23	(350)		递延税金及其他准备金	(360)		(370)		(350)
24	57,507		净资产	62,015		66,127		69,153
25								
26	10,000		股本	10,000		10,000		10,000
27	1,650		盈余公积	1,650		1,650		1,650
28	45,857		留存收益	50,365		54,477		57,503
29	57,507		股权权益	62,015		66,127		69,153

图 9-6　屏幕截图（五十五）

	B	C	D	E	F	G	H	I	J
31									
32	股东权益变动表								
33	以千英镑计								
34				股本		重估	留存		合计
35						储备金	收益		
36									
37	2016年12月31日			10,000		1,650	45,857		57,507
38	股利支付						(5,000)		(5,000)
39	年度利润						9,508		9,508
40	2017年12月31日			10,000		1,650	50,365		62,015
41									
42	股利支付						(5,000)		(5,000)
43	年度利润						9,112		9,112
44	2018年12月31日			10,000		1,650	54,477		66,127
45									
46	股利支付						(5,000)		(5,000)
47	年度利润						8,026		8,026
48	2019年12月31日			10,000		1,650	57,503		69,153

图 9-7 屏幕截图（五十六）

	B	C	D	E	F	G	H
50							
51	物业、厂房和设备						
52	以千英镑计				12月31日		
53			2017年		2018年		2019年
54	成本						
55	期初余额		72,500		76,000		82,000
56	新购资产		6,000		6,000		6,000
57	处置资产		(2,500)				
58	期末余额		76,000		82,000		88,000
59							
60	累计折旧						
61	期初余额		37,200		39,200		43,700
62	年折旧额		4,000		4,500		5,000
63	处置资产		(2,000)				
64	期末余额		39,200		43,700		48,700
65							
66	账面价值		36,800		38,300		39,300

图 9-8 屏幕截图（五十七）

	B	C	D	E	F	G	H
67							
68	借款						
69	以千英镑计				12月31日		
70			2017年		2018年		2019年
71	期初余额		13,000		11,000		9,000
72	新借入						
73	偿还金额		(2,000)		(2,000)		(2,000)
74	期末金额		11,000		9,000		7,000
75							
76	短期借款		2,000		2,000		2,000
77	非短期借款		9,000		7,000		5,000
78							

图 9-9　屏幕截图（五十八）

图 9-10 是财务状况表、所有者权益变动表的计算说明。

借款分析是基于输入数据表第 24~27 行中的假设做出的。另外，根据 F26 单元格中第三个预测期期末需在 12 个月内偿还的借款假设，就可以确定借款中属于流动负债的部分。

	B	C	D	E	F	G	H
67							
68	借款						
69	以千英镑计		=输入数据!B3				
70			=输入数据!C4		=输入数据!D4		=输入数据!E4
71	期初余额		=输入数据!B24		=D74		=F74
72	新借入		=输入数据!C25		=输入数据!D30		=输入数据!E30
73	偿还金额		=-输入数据!C26		=-输入数据!D26		=-输入数据!E26
74	期末金额		=D71+D72+D73		=F71+F72+F73		=H71+H72+H73
75							
76	短期借款		=输入数据!D26		=输入数据!E26		=输入数据!F26
77	非短期借款		=D74-D76		=F74-F76		=H74-H76

图 9-10　屏幕截图（五十九）

物业、厂房和设备分析是基于输入数据表第 12~18 行中的非流动资产假设数据做出的（见图 9-11）。

	B	C	D	E	F	G	H
50							
51	物业、厂房和设备						
52	以千英镑计						
53			=输入数据!B3		=输入数据!D4		=输入数据!E4
54	成本		=输入数据!C4				
55	期初余额		=输入数据!B12		=D58		=F58
56	新购资产		=输入数据!C13		=输入数据!D13		=输入数据!E13
57	处置资产		=-输入数据!C14		=-输入数据!D14		=-输入数据!E14
58	期末余额		=SUM(D55:D57)		=SUM(F55:F57)		=SUM(H55:H57)
59							
60	累计折旧						
61	期初余额		=输入数据!B16		=D64		=F64
62	年折旧额		=输入数据!C17		=输入数据!D17		=输入数据!E17
63	处置资产		=-输入数据!C18		=-输入数据!D18+输入数据!D18		=-输入数据!E18
64	期末余额		=SUM(D61:D63)		=SUM(F61:F63)		=SUM(H61:H63)
65							
66	账面价值		=D58-D64		=F58-F64		=H58-H64

图 9-11　屏幕截图（六十）

各年的预测利润来自利润表，所有其他假设均来自输入数据表。报表标题是使用 CONCATENATE 函数自动生成的文本（见图 9-12）。

	B	C	D	E	F	G	H	I	J
31									
32	股东权益变动表								
33	以千英镑计								
34			股本		重估		留存		合计
35					储备		收益		
36									
37	=CONCATENATE(输入数据!B3," ",输入数据!B4)		=输入数据!B29		=输入数据!B30		=输入数据!B31		=D37+F37+H37
38	股利支付						=-输入数据!C32		=D38+F38+H38
39	年度利润						='INCOME STATEME		=D39+F39+H39
40	=CONCATENATE(输入数据!B3," ",输入数据!C4)		=D37+D38+D39		=F37+F38+F39		=H37+H38+H39		=D40+F40+H40
41									=D41+F41+H41
42	股利支付		=输入数据!C47				=-输入数据!D32		=D42+F42+H42
43	年度利润								=D43+F43+H43
44	=CONCATENATE(输入数据!B3," ",输入数据!D4)		=SUM(D40:D43)		=SUM(F40:F43)		=SUM(H40:H43)		=D44+F44+H44
45									
46	股利支付		=输入数据!C51				=-输入数据!E32		=D46+F46+H46
47	年度利润						='INCOME STATEME		=D47+F47+H47
48	=CONCATENATE(输入数据!B3," ",输入数据!E4)		=SUM(D44:D47)		=SUM(F44:F47)		=SUM(H44:H47)		=D48+F48+H48

图 9-12　屏幕截图（六十一）

资产负债表 A 列中列示的公式用来提取上一年资产负债表中的数据，这些均为输入数据表 B 列中的假设数据（见图 9-13）。

图9-13 屏幕截图（六十二）

第一年预测数据的计算公式如图9-14所示。第二年和第三年的计算同上。

资产负债表中的非流动资产数值取自模型第51~66行的物业、厂房和设备数据行。

存货、应收账款和应付账款的预测方法与第6章现金流量预测模型中使用的一样。因此，在预测模型中，可以基于输入数据表中营运资本比率的相关假设，创建销售收入与存货、应付账款之间的动态链接：

- 存货周转天数（DSI）。
- 应收账款周转天数（DSO）。
- 应付账款周转天数（DPO）。

资产负债表中的借款数据是从模型第68~77行的借款数据部分提取的，其中包括流动负债和非流动负债。

	A	B	C	D	E	F	G
1	Omicron 设计有限公司						
2	现金流量表						
3	以千英镑计			期末 12月31日			
4			2017年		2018年		2019年
5							
6	营业利润		12,890		12,282		10,790
7	资产处置收益/损失		(250)				
8	折旧		4,000		4,500		5,000
9	利息支付		(700)		(600)		(500)
10	税金支付		(2,492)		(2,595)		(2,331)
11			13,448		13,587		12,959
12							
13	存货（增加）/减少		(408)		1,233		(865)
14	应收账款（增加）/减少		1,373		11		1,822
15	应付账款及其他应付账款（减少）/增加		(135)		(185)		(1)
16	准备金（减少）/增加		10		10		(20)
17	经营活动产生的净现金		14,288		14,656		13,895
18							
19	购置厂房和设备		(6,000)		(6,000)		(6,000)
20	出售资产		750				
21	投资活动使用的净现金		(5,250)		(6,000)		(6,000)
22							
23	偿还金额		(2,000)		(2,000)		(2,000)
24	支付股利		(5,000)		(5,000)		(5,000)
25	融资活动使用的净现金		(7,000)		(7,000)		(7,000)
26							
27	现金及现金等价物净变动额		2,038		1,656		895
28							
29	现金及现金等价物年初余额		3,470		5,508		7,164
30	现金及现金等价物年末余额		5,508		7,164		8,059

图 9-14　屏幕截图（六十三）

当期应计税金是根据利润表中计算的税后利润和资产负债表日未缴税额百分比的假设（输入数据表第 35 行中的假设数据）计算的。

递延税金和其他准备金是一个单独输入的假设项，其列示在输入数据表的第 36 行。

股东权益的预测值取自股东权益变动表的第 32~48 行。

至此，唯一还没有预测的就是现金及现金等价物。由于其他所有数值均已知，因此可以基于这些数值计算出现金数值。由会计恒等式可知，净资产一定等于股东权益,因此 D24 单元格中的值必须与 D29 单元格中的值相等(当然,资产负债表第二年和第三年的预测数值也必须这样)。因为非流动资产和非流动负债金额是已知的,所以就可以计算出流动资产净额。

预测现金流量表

财务报表预测模型中的现金流量表是使用间接法生成的,其中列示了经营性现金流量数据(见图 9-14)。图 9-15 中列示了现金流量表第一个预测期中的计算公式,第二年和第三年的计算方法同上。

图 9-15 屏幕截图(六十四)

汇总摘要

汇总摘要是将三张财务报表中具有可比性的关键性数据进行汇总列示，同时还会计算反映盈利能力、资本结构以及现金流量的比率（见图9-16）。

	A	B	C	D	E	F
1	Omicron 设计有限公司					
2	汇总摘要					
3	以千英镑计					
4				预测		
5		2017		2018		2019
6	财务绩效					
7	销售收入	144,000		146,000		147,000
8	销售收入增长率			1.4%		0.7%
9						
10	毛利润	48,640		49,782		49,790
11	毛利率	33.8%		34.1%		33.9%
12						
13	EBITDA	16,890		16,782		15,790
14	EBITDA占销售收入的百分比	11.7%		11.5%		10.7%
15						
16	营业利润	12,890		12,282		10,790
17	营业利润率	9.0%		8.4%		7.3%
18						
19	现金流量	2,038		1,656		895
20	现金年末余额	5,508		7,164		8,059
21						
22	盈利能力比率					
23	RONA	17.6%		16.3%		14.1%
24	净资产周转率	1.96		1.93		1.92
25						
26	股东权益收益率	15.3%		13.8%		11.6%
27						
28	资本结合和风险比率					
29	杠杆比率	15.0%		11.9%		9.1%
30	利息覆盖率	18.41		20.47		21.58
31						
32	现金流量比率					
33	经营现金流量比率	1.8		1.9		1.8
34	现金利润率	9.9%		10.0%		9.5%
35	现金流量与债务比	84.2%		99.3%		109.5%

图9-16 屏幕截图（六十五）

图 9-17 中显示了第一个预测年份摘要数据的计算公式。第二年和第三年的计算与之类似，区别就是后面的预测期会使用 D8 单元格中的销售收入增长率进行计算。

	A	B	C	D
1	=输入数据!B2			
2	汇总摘要			
3	以千英镑计			
4				预测
5		=输入数据!C4		=输入数据!D4
6	财务绩效			
7	销售收入	=利润表!B6		=利润表!E6
8	销售收入增长率			=D7/B7-1
9				
10	毛利润	=利润表!B8		=利润表!E8
11	毛利率	=IFERROR(B10/B7,0)		=IFERROR(D10/D
12				
13	EBITDA	=利润表!B12-利润表!B11		=利润表!E12-利润
14	EBITDA占销售收入的百分比	=IFERROR(B13/B7,0)		=IFERROR(D13/D
15				
16	营业利润	=利润表!B12		=利润表!E12
17	营业利润率	=IFERROR(B16/B7,0)		=IFERROR(D16/D
18				
19	现金流量	=现金流量表!C27		=现金流量表!E27
20	现金年末余额	=资产负债表!D11		=资产负债表!F11
21				
22	盈利能力比率			
23	RONA	=利润表!B12/(资产负债表!D7+资产负债表!D12+资产负债表!D14+资产负债表!D16)		=利润表!E12/(资
24	净资产周转率	=利润表!B6/(资产负债表!D7+资产负债表!D12+资产负债表!D14+资产负债表!D16)		=利润表!E6/(资
25				
26	股东权益收益率	=利润表!B18/资产负债表!D29		=利润表!E18/资产
27				
28	资本结合和风险比率			
29	杠杆比率	=-(资产负债表!D15+资产负债表!D22)/(资产负债表!D7+资产负债表!D12+资产负债表!D14+资产负债表!D16)		=-(资产负债表!F1
30	利息覆盖率	=-IFERROR(利润表!B12/利润表!B14,0)		=-IFERROR(利润
31				
32	现金流量比率			
33	经营现金流量比率	=现金流量表!C17/资产负债表!D17		=现金流量表!E17
34	现金利润率	=现金流量表!C17/利润表!B6		=现金流量表!E17
35	现金流量与债务比	=现金流量表!C17/(资产负债表!D17+资产负债表!D22)		=现金流量表!E17

图 9-17 屏幕截图（六十六）

通过设置少量的关键性驱动假设数据，就可以生成一系列财务报表预测数据，而且可以快速更新预测数据，并测试各种风险事件对最重要的财务绩效和财务实力指标的影响。该方法最大的优点，就是能够测试和观察不同风险因素对预测结果的影响，这样才能对如何创造股东价值以及输入什么数据才能获得最好的输出结果这两个问题提出有价值的见解。

第10章
模型7：公司估值

在财务专业领域，探讨和争议最多的可能要属公司估值问题了。尽管这方面的书籍和学术文章很多，我们仍存在这样一个疑问，那就是公司估值究竟是一门艺术还是一项技术。这个问题无疑会导致公司易主交易中的潜在买方和卖方对公司估值问题的争论愈演愈烈。

常规的估值方法有两种：一种侧重于资产转让价值，另一种则是基于资产产生的收入来测算价值。实务中最常见的估值难题出现在现有股东向新股东出售股份的时候。公司估值模型是使用现金流量（基于收益）计算法来计算待售股票价值，这是一种称为"股东价值分析"（SVA）的常规方法。

公司估值模型

- **使用者**：投资分析师、银行分析师、财务分析师、首席财务官或财务经理通常会使用该财务模型对公司进行估值。
- **目的**：该模型将使用股东价值增加法，通过计算未来公司可产生的自由现金流量（FCF）现值来估算公司价值。
- **输出**：提供一份股东价值分析（SVA）结果。
- **输入**：公司通过发售新产品实现业绩增长是模型假设的基础。输入性假设项既包括支撑上述假设基础的详细数据，又包括公司其他方面的假设数据。
- **计算**：SVA 模型的相关计算会与估值结果合并列示。
- **设计**：模型中会设置两个输入数据表，以列示关键性驱动因素数据。一个是对新产品和现有产品如何影响利润进行详细分析的 EBITDA 分析表。SVA 模型是一种公司估值模型，可使用其进行估值测试，在此基础上还可以围绕估值结果和关键性风险因素展开讨论。

主题回顾——公司估值

谁需要对公司进行估值，为什么？当今上市公司的首席执行官和高级管理者都十分清楚应该维持和创造股东价值。他们需要对自己的公司进行估值，以评估股票市场价格是否能够反映公司价值。他们还可能使用该估值工具对上市公司的股票进行评估，并将那些被市场低估的公司作为未来的潜在收购目标。

银行和其他金融机构的投资分析师会不断生成和更新他们对上市公司的评估结果，以便为客户提供建议，说明哪些股票目前被市场高估或低估，究竟是应该购买、抛售还是继续持有这些股票。

对于非上市公司，需要在确定首次公开发行股票（IPO）价格之前评估公司价值。同样，如果要将公司直接出售给新的所有者，也需要确定价值。当然，公司的真正价值，最终是根据买方准备支付的收购费用以及卖方会接受的收购价格来确定的。即使是最好的公司估值工具，也只能为谈判提供一个收购价格的参考区间。

对于一家非上市公司而言，最常见的估值需求出现在寻求新股权融资之时，通常是在新产品处于研发之时或销售实现高速增长时期，从风险投资人那里筹集资金。在这种情况下，可以使用估值模型为潜在投资者提供一部分公司规划数据，并且测算所需融资金额以及他们可能购买的股份比例，以作为谈判的基础。

资产法估值模型是将公司的有形净资产作为估值的基础，尽管不同的资产和负债估值方式可能会产生不同的估值结果。该估值方法会基于资产负债表中的公司净资产价值进行估值，这样一来，估值结果就会受到公司资产评估方式的影响。如果基于历史成本对资产进行评估，则资产价值就等于资产负债表中的资产原始成本减去累计折旧。如果公司采用重置价值估值法，则可能会将资产价值调整为某个时刻的公允价值，然后再根据情况计提贬值。

或者，可以对估值进行调整，以使资产负债表中的资产价值等于其重置成本或可变现净值。在对公司进行清算时，使用后面这种方法可以算出一个清算价格，该价格代表了出售方可以接受的最低价格。业绩不好的公司，其股票市值有时可能低于可变现净值，此时对公司进行资产剥离和拆分可能比较合适。

资产法估值对于那些主要依赖有形资产创造客户和股东价值的公司比较适用，例如房地产开发公司。该方法的主要缺点是，侧重于有形资产在某个特定时期的价值，而忽略了其在未来几年可能产生的价值。更为重要的是，在数字时代像谷歌、脸书和爱彼迎这类公司主要是依靠客户关系、品牌、人才以及创新软件等无形资产提升客户和股东价值。会计概念和核算规则导致这些公司内部产生的无形资产的实际价值无法正确地反映在资产负债表的资产价值中。

MM理论认为，公司的实际价值是其盈利能力和资产风险的函数。许多估值方法均侧重于公司收益。

最常见的收益法估值可能就是市盈率（P/E）计算法了，其计算的是每股市价与每股年度股东收益（息税后利润）的比率。上市公司的市盈率可以在股票交易软件和金融网站上查询。对于非上市公司，可以同行业上市公司的市盈率为参考，但由于投资非上市公司的风险更大且股份转让困难，因此非上市公司的市盈率可能比上市公司的低。在不知道股票市值的情况下，可以用以下公式计算非上市公司的公司价值：

$$公司股权价值 = 公司税后利润 \times 适合的 P/E$$

这种收益法估值比较简单，可以提供有价值的估值参考，但最终的结果还是取决于交易各方主观的选择。该方法中使用的利润金额会受到会计调整的影响，有些会计调整可能很主观，也有一些调整属于人为操纵，这会导致会计数据失真。

股利估值模型也是按收益法进行估值的，但是基于未来预计获取的股利进行估值的，而不是收益。该模型说明，公司的公允价值等于股东未来可以获得的股利价值。在这种情况下，可以将权益资金成本作为折现率计算未来股利的永续年金现值，以确定公司股权价值。

该模型既可以假设股利支付率是恒定不变的，也可以假设按照固定的增长率支付股利。该方法的优点是，使用预计支付的现金股利代替具有主观性质的利润金额来计算估值结果。但并非所有公司都支付股息，而且该方法并不会考虑公司未来价值的创造能力。另外，权益资本成本可能很难确定，该方法实际上并不能真实地反映公司资产所面临的风险。

股东价值增加法（SVA）估值

MM 理论认为，应基于公司未来的自由现金流量（FCF）的现值来衡量公司价值,该计算方式会考虑营运资本变动和厂房及设备的维护替换成本。股东价值增加法(SVA)估值是将公司收购视为资本投资,然后基于未来预计的 FCF 现值进行估值。该方法提供了一个收购公司股份的参考价格。SVA 计算中使用的折现率是公司的加权平均资本成本(WACC)。其认为 WACC 考虑的是公司整体市场价值,所以最能够反映公司的内在风险,同时也能够反映权益资本和债务资本成本。具体计算公式如下:

$$公司价值 = \frac{预测的自由现金流量}{公司的 WACC}$$

SVA 估值法分为以下三步:

1. 基于预计的公司未来经营活动中产生的自由现金流量的现值计算公司的经营性资产价值。

2. 加上任意非经营性资产价值,例如盈余现金、投资和其他不直接参与经营生产与服务的资产价值。经营性资产价值与非经营性资产价值之和就是公司资产的总价值,称为公司价值。

3. 从公司价值中减去公司债务的市场价值(已知)就是股东权益价值。

关键的股东价值驱动因素

为了设计应用 SVA 方法的财务模型,股东价值的驱动因素可视为:

- **销售增长率**:年度销售收入增长百分比。
- **营业利润率**:预计的息税折旧和摊销前利润(EBITDA)占销售收入的百分比。
- **税率**:营业利润对应的税率,此为现金税率,这里不考虑递延税。

- **营运资本投资增加额（IWCI）**：销售收入增加时，对应增加的营运资本投资额。

- **用于更换固定资产的固定资本投资（RFCI）**：更换使用寿命到期的非流动资产所需的投资额。这里不考虑通货膨胀问题，通常假设RFCI等于非流动资产的年度折旧费用。

- **固定资本投资增加额（IFCI）**：除更换现有非流动资产外，每年额外投资非流动资产的金额。

- **目标公司的资本成本**：计算公司价值时会将其作为现金流量的折现率。对于上市公司，则会将公司的加权平均资本成本（WACC）作为折现率。

- **竞争优势期**：也称为价值持续增长期或离散预测期。在该期间，公司业绩有望实现增长。当使用SVA法计算收购价格或计算业绩增长战略下的公司价值，以吸引新进投资者时，会设置价值增长期，以实现战略中的预期业绩。在实务中，通常会将该时期定义为3~5年。

- **剩余价值**：公司未来自由现金流量折现到竞争优势期期末的现值。这里既可以假设竞争优势期结束后各年的年度FCF恒定不变，也可以假设现金流量将会继续增长。

经营性资产估值

经营性资产估值分为以下三步：

1. 预测竞争优势期每一年的自由现金流量（FCF）（见表10-1）。

表 10 – 1　预测自由现金流量

息税前的营业利润	a
减基于营业利润计算的应交税金	(b)
税后经营性现金流量	c
加折旧、摊销和减值	d
小计数	e
调整：	
营运资本投资增加额	(f)
用于更换固定资产的固定资本投资额	(g)
资本投资增加额	(h)
自由现金流量	i

评估集团中的某个公司或是非上市公司时，可能需要对非正常交易产生的营业利润进行调整。这些交易可能涉及集团间收取的服务费和不符合市场价格的转让价，或是高级管理者的工资大大低于或高于市场正常水平。

在无法获得进一步信息的情况下，如果公司已投入足够的资金来维持企业的生产能力，则可让年度重置固定资产成本近似等于当前折旧额。

营业利润对应的税率应为实际应交现金税率，这里应剔除利息税收抵减影响，且不考虑递延税影响。

2. 使用接下来介绍的任意一种方法，将竞争优势期之后公司经营性资产产生的各年 FCF 折现到竞争优势期末，就可以得到剩余价值。

3. 计算所有 FCF 的现值，折现率为公司的 WACC。

计算经营性资产的剩余价值

剩余价值、持续价值或终值（TV）是指竞争优势期结束后，永续年度自由现金流量的价值，这是一个现值，相当于竞争优势期期末可以收到的现金。这里可以假设年度自由现金流量恒定不变，这个固定金额就是竞争优势期最后一年的 FCF。在这种情况下，终值就等于竞争优势期后第一年的 FCF 除以 r：

$$TV = \frac{FCF_{n+1}}{r}$$

永续增长模型假设自由现金流量将会按照恒定速度（g）永续增长。在这种情况下，离散预测期后的第一年（$n+1$）的预测现金流量就应该基于竞争优势期最后一年的 FCF 和永续增长率来计算。终值计算公式如下：

$$TV = \frac{FCF_{n+1}}{r - g}$$

竞争优势期期末的终值是指该时点的公司市场价值，不过，还可以基于竞争优势期最后一年的 EBITDA 和一个合适的倍数来计算终值。

可以通过分析同行业或类似行业公司近期的销售交易数据来确定这个倍数。或者可以基于股价来计算上市公司的当前市值。将计算结果与同一家公司最近一年的 EBITDA 相比，就可以得到一个倍数。根据资本投资金额以及参考公司的情况，可以对 EBITDA 倍数进行调整，以反映公司之间的规模差异，通常规模越小的公司其 EBITDA 倍数越低，之所以会这样原因很多，其中一个是投资者认为规模小的公司风险会比较高。

公司估值模型

下面以一家非上市的制药公司为例，该公司已经开发出一种治疗 2 型糖尿病的新型药物。DMT_2Z 避免了现有非胰岛素疗法引发的一些严重副作用，该药物已被证明安全有效，且已获准在英国、欧洲和美国使用。目前，需要追加投资以完成英国生产配套设施的建设，建设完成后将大幅提升新药业务的处理速度。另外，还需要融入一笔资金，以做营销之用和补充营运资本。这笔资金超出了公司的常规融资水平,属于额外融资。因此,需要就购买公司大量股份的事宜与私募股权基金投资人展开谈判。

在这种情况下,就需要对公司进行估值,以便与新晋权益投资者协商讨论其能够获得的股票份额。公司估值模型就是用于向潜在投资者展现公司未来规划和估值数据的。因此,在模型中会设置详细的基本假设,并对新药从面市到获得市场份额的五年间所产生的自由现金流量进行详细预测。在模型中,可以针对特定风险进行估值测试,例如未来人群中的糖尿病发病率和糖尿病发病类型。除了对新药进行非常详细的预测,还会对现有业务,即已销售并获得市场份额的其他医药产品进行预测。现有产品的销售收入比较稳定,预计增长率会大大低于这种糖尿病的新型治疗药物。公司最近一期的财务报表如下(见表10-2至表10-4)。

表10-2 KAPPA PI THERAPUTICS 公司的利润表

(单位:千英镑)

截至12月31日	2017年		2016年	
销售收入	211,000	100.0%	188,000	100.0%
销货成本	(70,685)	(33.5%)	(64,484)	(34.3%)
毛利率	140,315	66.5%	123,516	65.7%
分销成本	(21,500)	(10.2%)	(19,100)	(10.2%)
营销成本	(21,000)	(10.0%)	(18,000)	(9.6%)
毛利润	97,815	46.4%	86,416	46.0%
销售提成	21,300	10.1%	18,700	9.9%
贡献收益	119,115	56.5%	105,116	55.9%
行政管理费用	(25,300)	(12.0%)	(23,800)	(12.7%)
研究及开发费用	(18,500)	(8.8%)	(17,300)	(9.2%)
折旧	(7,200)	(3.4%)	(6,800)	(3.6%)

(续)

截至 12 月 31 日	2017 年		2016 年	
营业利润	**68,115**	**32.3%**	57,216	30.4%
财务成本	(3,000)	(1.4%)	(3,000)	(1.6%)
税前利润	65,115	30.9%	54,216	28.8%
税金	(13,023)	(6.2%)	(10,843)	(5.8%)
税后利润	**52,092**	**24.7%**	43,373	23.1%

表 10 - 3 KAPPA PI THERAPUTICS 公司的资产负债表

(单位：千英镑)

截至 12 月 31 日	2017 年	2016 年
非流动资产		
物业、厂房和设备	231,600	221,800
	231,600	221,800
流动资产		
存货	37,306	32,779
应收账款	49,137	38,630
现金及现金等价物	15,356	5,248
	101,799	76,657
流动负债		
应付账款及其他应付款	(9,683)	(8,833)
流动资产净额	**92,116**	**67,824**
非流动负债		
借款	(50,000)	(50,000)
净资产	**273,716**	**239,624**
股本	100,000	100,000
留存收益	173,716	139,624
股东权益	**273,716**	**239,624**

表 10-4　KAPPA PI THERAPUTICS 公司的年度现金流量表

（单位：千英镑）

截至 12 月 31 日	2015 年	2014 年
营业利润	68,115	57,216
折旧	7,200	6,800
利息支付	(3,000)	(3,000)
税金支付	(13,023)	(10,843)
	59,292	50,173
存货(增加)/减少	(4,527)	(5,441)
应收账款(增加)/减少	(10,507)	(2,904)
应付账款(减少)/增加	850	1,085
经营活动产生的净现金	**45,108**	**42,913**
购置厂房和设备	(17,000)	(15,000)
投资活动使用的净现金	**(17,000)**	**(15,000)**
偿还借款		
股利支付	(18,000)	(15,000)
融资活动使用的净现金	**(18,000)**	**(15,000)**
现金及现金等价物净变动额	**10,108**	**12,913**
现金及现金等价物年初余额	5,248	(7,665)
现金及现金等价物年末余额	**15,356**	**5,248**

公司估值模型包含四个工作表：

- 一个是包含一系列具体假设的输入数据表，这是 DMT_2Z（糖尿病新药）经营性现金流量的预测基础。

- 另一个是包含营运资本、资本投资和其他假设信息的输入数据表,基于这些假设,就可以预测现有业务产生的其他现金流量。
- 详细的 EBITDA 预测分析。
- 根据计算出的公司价值进行股东价值分析(SVA)。

DMT_2Z 产品利润率假设

新产品利润率的相关假设可在 DMT_2Z 假设工作表中找到。这里已经设置了详细假设,销售量将和最基本的销售量驱动因素挂钩。这样一来,销售和利润的预测过程就完全清晰了,而且还可以为了测试各种风险对公司估值的影响对相关数据进行调整。英国和欧洲地区的销售收入和利润率是通过产品分销实现的,而美国地区的业务则是假设授权第三方销售产品,并从第三方处提取销售抽成。

其他输入性假设

新的 DMT_2Z 产品是业务增长的主要驱动力。公司其他成熟产品的销售收入和毛利率假设均会列示在输入数据表中。SVA 分析所用的其他假设也都列示在图 10-1 和图 10-2 中。

EBITDA 分析

EBITDA 分析表会使用 DMT_2Z 产品假设表和输入数据表中的假设,以获得详细的息税折旧摊销前利润(EBITDA)预测数值。该数值是经营性现金流量的预测起点(见图 10-3 和图 10-4)。

	A	B	C	D	E	F
1	DMT$_2$Z 产品利润率假设					
2		第1年	第2年	第3年	第4年	第5年
3	英国					
4	人口（百万）/ 增长	65.0	0.8%	0.8%	0.8%	0.8%
5	糖尿病总发病	6.5%	6.7%	7.0%	7.2%	7.5%
6	确诊病例	92.0%	93.0%	94.0%	95.0%	95.0%
7	2型糖尿病	90.0%	90.0%	90.0%	90.0%	90.0%
8	非胰岛素依赖	90.0%	90.0%	90.0%	90.0%	90.0%
9	市场渗透	2.0%	5.0%	10.0%	14.0%	18.0%
10	每月每袋批发价格（英镑）	30.00	30.00	30.00	30.00	30.00
11	每袋成本（英镑）	10.00	10.00	10.00	10.00	10.00
12	分销成本占销售收入	5.0%	5.0%	5.0%	5.0%	5.0%
13	营销成本占销售收入	15.0%	10.0%	7.0%	7.0%	5.0%
14						
15	欧盟					
16	人口（百万）/ 增长	512.0	0.5%	0.5%	0.5%	0.5%
17	糖尿病总发病	6.0%	6.2%	6.3%	6.4%	6.5%
18	确诊病例	94.0%	94.0%	94.0%	95.0%	95.0%
19	2型糖尿病	88.0%	89.0%	90.0%	90.0%	90.0%
20	非胰岛素依赖	90.0%	90.0%	90.0%	90.0%	90.0%
21	市场渗透	1.0%	3.0%	6.0%	10.0%	12.0%
22	每月每袋批发价格（欧元）	35.00	35.00	35.00	35.00	35.00
23	每袋成本（欧元）	12.00	12.00	12.00	12.00	12.00
24	分销成本占销售收入	10.0%	10.0%	10.0%	10.0%	10.0%
25	营销成本占销售收入	15.0%	10.0%	7.0%	7.0%	5.0%
26	美国					
27	人口（百万）/ 增长	323.0	0.7%	0.7%	0.7%	0.7%
28	糖尿病总发病	7.6%	7.8%	7.9%	8.0%	8.1%
29	确诊病例	90.0%	91.0%	92.0%	92.0%	92.0%
30	2型糖尿病	95.0%	96.0%	96.0%	96.0%	97.0%
31	非胰岛素依赖	87.0%	87.0%	87.0%	87.0%	87.0%
32	市场渗透	1.0%	2.0%	5.0%	7.0%	9.0%
33	每月每袋批发价格（美元）	40.0	40.0	40.0	40.0	40.0
34	销售抽成占批发价格	30.0%	30.0%	30.0%	30.0%	30.0%
35						
36						

DMT$_2$Z产品假设 | 输入数据表 | EBITDA 分析 | SVA 模型

图 10-1　屏幕截图（六十七）

第 10 章 模型 7：公司估值

	A	B	C	D	E	F	G
1	KAPPA PI THERAPUTICS 公司估值假设						
2			1	2	3	4	5
3	毛利润假设 - 现有产品 - 英国						
4	销售收入（千英镑）/ 增长		58,000	5.0%	5.0%	5.0%	5.0%
5	销货成本占销售收入		32.8%	32.8%	32.8%	32.8%	32.8%
6	分销成本占销售收入		10.0%	10.0%	10.0%	10.0%	10.0%
7	营销成本占销售收入		10.0%	10.0%	10.0%	10.0%	10.0%
8	毛利润假设 - 现有产品 - 欧盟						
9	销售收入（千欧元）/ 增长		164,000	5.0%	5.0%	5.0%	5.0%
10	销货成本占销售收入		34.3%	34.3%	34.3%	34.3%	34.3%
11	分销成本占销售收入		10.0%	10.0%	10.0%	10.0%	10.0%
12	营销成本占销售收入		10.0%	10.0%	10.0%	10.0%	10.0%
13	欧元与英镑的汇率		1.10	1.10	1.10	1.10	1.10
14	毛利润假设 - 现有产品 - 美国						
15	销售提成（千美元）/ 增长		23,000	3.0%	2.0%	2.0%	2.0%
16	美元与英镑的汇率		1.30	1.30	1.30	1.30	1.30
17	行政管理费用(千英镑)		27,000	30,000	33,000	36,000	40,000
18	研究与开发费用(千英镑)		20,000	23,000	25,000	30,000	35,000
19	有效现金税率		18.0%	18.0%	18.0%	18.0%	18.0%
20	营运资本投资						
21	存货周转天数		165	165	165	165	165
22	应收账款周转天数		70	70	70	70	70
23	美国应收销售提成周转天数		90	90	90	90	90
24	应付账款周转天数		50	50	50	50	50
25	存货期初余额(千英镑)	37,306					
26	应收账款期初余额(千英镑)	49,317					
27	应付账款期初余额(千英镑)	9,683					
28	固定资本投资						
29	用于更换固定资产的资本投资(千英镑)		6,000	6,000	6,000	6,000	6,000
30	固定资本投资增加额(千英镑)		45,000	20,000	5,000		
31	其他假设						
32	非经营性资产市场价值(千英镑)	45,000					
33	债务的市场价值(千英镑)	50,000					
34	折旧率	12.0%					

图 10 - 2 屏幕截图（六十八）

	A	B	C	D	E	F	G
1	KAPPA PI THERAPUTICS -详细的EBITDA 分析						
2	以千英镑计	第1年			第2年		
3		DMT_2Z	其他产品	合计	DMT_2Z	其他产品	合计
4	英国						
5	销售量 DMT_2Z	751.2			1,984.1		
6		英镑	英镑	英镑	英镑	英镑	英镑
7	销售收入	22,535	58,000	80,535	59,524	60,900	120,424
8	销货成本	(7,512)	(19,024)	(26,536)	(19,841)	(19,975)	(39,816)
9	毛利润	15,023	38,976	53,999	39,682	40,925	80,607
10	毛利率	66.7%	67.2%	67.1%	66.7%	67.2%	66.9%
11	分销成本	(1,127)	(5,800)	(6,927)	(2,976)	(6,090)	(9,066)
12	营销成本	(3,380)	(5,800)	(9,180)	(5,952)	(6,090)	(12,042)
13	总利润	10,516	27,376	37,892	30,754	28,745	59,499
14	总利润率	46.7%	47.2%	47.1%	51.7%	47.2%	49.4%
15							
16	欧盟						
17	销售量 DMT_2Z	2,744.5			8,647.5		
18		英镑			英镑		
19	销售收入	87,323	149,091	236,414	275,148	156,545	431,693
20	销货成本	(29,939)	(51,138)	(81,078)	(94,336)	(53,695)	(148,031)
21	毛利润	57,384	97,953	155,337	180,811	102,850	283,662
22	毛利率	65.7%	65.7%	65.7%	65.7%	65.7%	65.7%
23	分销成本	(8,732)	(14,909)	(23,641)	(27,515)	(15,655)	(43,169)
24	营销成本	(13,099)	(14,909)	(28,008)	(27,515)	(15,655)	(43,169)
25	总利润	35,553	68,135	103,688	125,782	71,541	197,323
26	总利润率	40.7%	45.7%	43.9%	45.7%	45.7%	45.7%
27							
28	美国						
29	销售量 DMT_2Z	2,191.2			4,627.7		
30		英镑			英镑		
31	销售提成	20,226	17,692	37,919	42,718	18,223	60,941
32							
33	合计						
34	销售量 DMT_2Z	5,686.8			15,259.4		
35		英镑			英镑		
36	销售收入	109,858	207,091	316,949	334,671	217,445	552,117
37	销货成本	(37,451)	(70,162)	(107,613)	(114,178)	(73,670)	(187,848)

图 10-3 屏幕截图 (六十九)

第 10 章　模型 7：公司估值

	A	B	C	D	E	F	G
1	KAPPA PI THERAPUTICS -详细的EBITDA 分析						
2	以千元计	第1年			第2年		
15							
16	欧盟						
17	销售量 DMT$_2$Z	2,744.5			8,647.5		
18		英镑			英镑		
19	销售收入	87,323	149,091	236,414	275,148	156,545	431,693
20	销货成本	(29,939)	(51,138)	(81,078)	(94,336)	(53,695)	(148,031)
21	毛利润	57,384	97,953	155,337	180,811	102,850	283,662
22	毛利率	65.7%	65.7%	65.7%	65.7%	65.7%	65.7%
23	分销成本	(8,732)	(14,909)	(23,641)	(27,515)	(15,655)	(43,169)
24	营销成本	(13,099)	(14,909)	(28,008)	(27,515)	(15,655)	(43,169)
25	总利润	35,553	68,135	103,688	125,782	71,541	197,323
26	总利润率	40.7%	45.7%	43.9%	45.7%	45.7%	45.7%
27							
28	美国						
29	销售量 DMT$_2$Z	2,191.2			4,627.7		
30		英镑			英镑		
31	销售提成	20,226	17,692	37,919	42,718	18,223	60,941
32							
33	合计						
34	销售量 DMT$_2$Z	5,686.8			15,259.4		
35		英镑			英镑		
36	销售收入	109,858	207,091	316,949	334,671	217,445	552,117
37	销货成本	(37,451)	(70,162)	(107,613)	(114,178)	(73,670)	(187,848)
38	毛利润	72,407	136,929	209,336	220,494	143,775	364,269
39	毛利率	65.9%	66.1%	66.0%	65.9%	66.1%	66.0%
40	分销成本	(9,859)	(20,709)	(30,568)	(30,491)	(21,745)	(52,235)
41	营销成本	(16,479)	(20,709)	(37,188)	(33,467)	(21,745)	(55,212)
42	总利润	46,069	95,511	141,580	156,536	100,286	256,822
43	总利润率	41.9%	46.1%	44.7%	46.8%	46.1%	46.5%
44	销售提成	20,226	17,692	37,919	42,718	18,223	60,941
45	贡献收益	66,296	113,203	179,499	199,253	118,509	317,763
46		60.3%	54.7%	56.6%	59.5%	54.5%	57.6%
47	行政管理费用			(27,000)			(30,000)
48	研究与开发费用			(20,000)			(23,000)
49	EBITDA			132,499			264,763

图 10-4　屏幕截图（七十）

图 10-5 和图 10-6 列示了 EBITDA 分析中的计算公式。虽然只列示了第一年的公式，但在竞争优势期（CAP）内，其他各年的计算都与第一年相同。

	A	B	C	D
1	KAPPA PI THERAPUTICS -详细的EBITDA分析			
2	以千元计	第1年		
3		DMT2Z	其他产品	合计
4	英国			
5	销售量 DMT2Z	=DMT2Z产品假设!B4*1000*DMT2Z产品假设!B5*DMT2Z产品假设!B6*DMT2Z产品假设!B7*DMT2Z产品假设!B8*DMT2Z产品假设!B9*12		
6		英镑	英镑	英镑
7	销售收入	=B5*DMT2Z产品假设!B10	=输入数据表!C4	=B7+C7
8	销售成本	=B5*DMT2Z产品假设!B11	=C7*输入数据表!C5	=B8+C8
9	毛利润	=B7+B8	=C7+C8	=D7+D8
10	毛利率%	=IFERROR(B9/B7,0)	=IFERROR(C9/C7,0)	=IFERROR(D9/D7,0)
11	分销成本	=-DMT2Z产品假设!B12	=-C7*输入数据表!C6	=B11+C11
12	营销成本	=-B7*DMT2Z产品假设!B13	=-C7*输入数据表!C7	=B12+C12
13	总利润	=B9+B11+B12	=C9+C11+C12	=D9+D11+D12
14	总利润率 %	=IFERROR(B13/B7,0)	=IFERROR(C13/C7,0)	=IFERROR(D13/D7,0)
15				
16	EU TERRITORIES			
17	销售量 DMT2Z	=DMT2Z产品假设!B16*1000*DMT2Z产品假设!B17*DMT2Z产品假设!B18*DMT2Z产品假设!B19*DMT2Z产品假设!B20*DMT2Z产品假设!B21*12		
18		英镑		
19	销售收入	=B17*DMT2Z产品假设!B22/输入数据表!C13	=输入数据表!C9/输入!C13	=B19+C19
20	销售成本	=-B17*DMT2Z产品假设!B23/输入数据表!C13	=-C19*输入数据表!C10/输入!C13	=B20+C20
21	毛利润	=B19+B20	=C19+C20	=D19+D20
22	毛利率%	=IFERROR(B21/B19,0)	=IFERROR(C21/C19,0)	=IFERROR(D21/D19,0)
23	分销成本	=-B19*DMT2Z产品假设!B24	=-C19*输入数据表!C11	=B23+C23
24	营销成本	=-B19*DMT2Z产品假设!B25	=-C19*输入数据表!C12	=B24+C24
25	总利润	=B21+B23+B24	=C21+C23+C24	=D21+D23+D24
26	总利润率 %	=IFERROR(B25/B19,0)	=IFERROR(C25/C19,0)	=IFERROR(D25/D19,0)
27				
28	US			
29	销售量 DMT2Z	=DMT2Z产品假设!B27*1000*DMT2Z产品假设!B28*DMT2Z产品假设!B29*DMT2Z产品假设!B30*DMT2Z产品假设!B31*DMT2Z产品假设!B32*12		
30		英镑		
31	销售提成	=B29*DMT2Z产品假设!B33*DMT2Z产品假设!B34/输入数据表!C16	=输入数据表!C15/输入!C16	=B31+C31

图 10-5 屏幕截图（七十一）

	A	B	C	D
1	KAPPA PI THERAPUTICS -详细的EBITDA分析			
2	以千元计	第1年		
35		英镑		
36	销售收入	=B7+B19	=C7+C19	=D7+D19
37	销售成本	=B8+B20	=C8+C20	=D8+D20
38	毛利润	=B36+B37	=C36+C37	=D36+D37
39	毛利率 %	=IFERROR(B38/B36,0)	=IFERROR(C38/C36,0)	=IFERROR(D38/D36,0)
40	分销成本	=B11+B23	=C11+C23	=D11+D23
41	营销成本	=B12+B24	=C12+C24	=D12+D24
42	总利润	=B38+B40+B41	=C38+C40+C41	=D38+D40+D41
43	总利润率 %	=IFERROR(B42/B36,0)	=IFERROR(C42/C36,0)	=IFERROR(D42/D36,0)
44	销售提成	=B31	=C31	=D31
45	贡献收益	**=B42+B44**	**=C42+C44**	**=D42+D44**
46		=IFERROR(B45/B36,0)	=IFERROR(C45/C36,0)	=IFERROR(D45/D36,0)
47	行政管理费用			=-输入数据表!C17
48	研究与开发费用			=-输入数据表!C18
49	EBITDA			**=D45+D47+D48**
50				=IFERROR(D49/D36,0)

图 10-6 屏幕截图（七十二）

SVA 模型

SVA 模型会使用 EBITDA 分析中计算的 EBITDA 数值以及输入数据表中的其他假设计算公司的股东价值。SVA 模型工作表如图 10-7 所示。

	A	B	C	D	E	F	G
1	KAPPA PI THERAPUTICS - 股东价值分析						
2	以千英镑计	NPV	1	2	3	4	5
3	EBITDA		132,499	264,763	522,114	798,424	1,017,923
4	基于EBITDA计算的支付税金		(23,850)	(47,657)	(93,980)	(143,716)	(183,226)
5	经营性现金流		108,649	217,105	428,133	654,708	834,696
6							
7	存货		48,647	84,918	142,141	216,195	261,891
8	应收账款		70,135	120,912	208,810	312,487	382,079
9	应付账款		(14,742)	(25,733)	(43,073)	(65,514)	(79,361)
10	营运资本		104,040	180,097	307,879	463,168	564,609
11	营运资本增加额		(27,100)	(76,057)	(127,782)	(155,290)	(101,440)
12							
13	用于更换固定资产的资本投资		(6,000)	(6,000)	(6,000)	(6,000)	(6,000)
14	资本投资增加额		(45,000)	(20,000)	(5,000)	0	0
15	固定资本投资额合计		(51,000)	(26,000)	(11,000)	(6,000)	(6,000)
16							
17	自由现金流	1,051,187	30,549	115,049	289,351	493,418	727,256
18							
19	剩余价值	3,918,539	0	0	0	0	6,905,804
20							
21	经营性资产价值	4,969,726					
22							
23	非经营性资产市场价值	45,000					
24							
25	公司价值	5,014,726					
26							
27	债务的市场价值	(50,000)					
28							
29	股东权益价值	4,964,726					

图 10-7 屏幕截图（七十三）

图10-8显示的是CAP前两年经营性资产产生的自由现金流量的计算公式。为了显示清晰，已将B列隐藏。CAP第三至第五年经营性资产产生的自由现金流量计算方法与第二年相同。

	A	C	D
1	KAPPA PI THERAPUTICS - 股东价值分析		
2	以千英镑计	1	2
3	EBITDA	=′EBITDA 分析′!D49	=′EBITDA 分析′!G49
4	基于EBITDA计算的税金交付	=C3*输入数据表!$C19	=D3*输入数据表!$C19
5	经营性现金流	=C3+C4	=D3+D4
6			
7	存货	=输入数据表!C21/365*′EBITDA 分析′!D37	=输入数据表!D21/365*′EBITDA 分析′!G37
8	应收账款	=输入数据表!C22/365*′EBITDA 分析′!D36+输入数据表!C23/365*′EBITDA 分析′!D44	=输入数据表!D22/365*′EBITDA 分析′!G36+输入数据表!D23/365*′EBITDA 分析′!G44
9	应付账款	=输入数据表!C24/365*′EBITDA 分析′!D37	=输入数据表!D24/365*′EBITDA 分析′!G37
10	营运资本	=C7+C8+C9	=D7+D8+D9
11	营运资本增加额	=(输入数据表!B25+输入数据表!B26-输入数据表!B27)-C10	=C10-D10
12			
13	用于更换固定资产的资本投资	=输入数据表!C29	=输入数据表!D29
14	资本投资增加额	=输入数据表!C30	=输入数据表!D30
15	固定资本投资额合计	=C13+C14	=D13+D14
16			
17	自由现金流	=C5+C11+C15	=D5+D11+D15
18			

图10-8 屏幕截图（七十四）

CAP每年的EBITDA数值均来自EBITDA分析表，基于EBITDA计算的应交现金税金百分比则提取自输入数据表。

CAP每年对应的存货、应收账款以及应付账款预测数值的计算方法，与第6章现金流量模型和第9章财务报表预测模型中的计算方法相同。预测模型可以在销售收入和EBITDA分析表之间建立动态链接，同时，为了能够获得与之匹配的存货和应付账款金额，就要使用输入数据表中的营运资本比率假设：

- 存货周转天数（DSI）。
- 应收账款周转天数（DSO）。
- 应付账款周转天数（DPO）。

接下来，就可以在SVA模型的第10行计算营运资本投资总额，以及自由现金流量计算所需的营运资本投资年度增加额或减少额。CAP第一年的营运资本投资变动额计算引用了输入数据表第 25~27 行中的营运资本初始金额，而 CAP 剩余年份营运资本增加额和减少额则是基于上一年的营运资本金额计算的。固定资本投资假设数据则是直接从输入数据表中提取的。

图 10-9 显示的是 SVA 剩余计算的公式，为了显示清晰，已将 C 列和 F 列隐藏。

	A	B	G
1	KAPPA PI THERAPUTICS - 股东价值分析		
2	以千英镑计	NPV	5
16			
17	自由现金流	=NPV(输入数据表!B$34,图10-9!C17:G17)	=G5+G11+G15
18			
19	剩余价值	=NPV(输入数据表!B$34,图10-9!C19:G19)	=(G5+G13)/输入数据表!B34
20			
21	经营性资产价值	=B17+B19	
22			
23	非经营性资产市场价值	=输入数据表!B32	
24			
25	公司价值	=B21+B23	
26			
27	债务的市场价值	=-输入数据表!B33	
28			
29	股东权益价值	=B25+B27	

图 10-9　屏幕截图（七十五）

剩余价值是指第五年末的公司价值，这里会使用永续年金法进行计算——假设从第五年开始自由现金流量恒定不变。SVA 模型工作表 G19 单元格中使用的就是永续年金计算公式，即用经营性现金流量与用于更换固定资产的资本投资之和除以折现率（提取自输入数据表 B34 单元格）。由于这里有一个隐含假设，即销售收入固定不变，因此，与收入相匹配的营运资本也不会再变化，最后就会导致自由现金流量也会保持不变。请注意 C19 单元格到 F19 单元格中都显示的是 0，而不是空白。之所以这样设置，就是为了确保 Excel 的 NPV 函数能够正确计算第五年现金流量的净现值。

如果 C19 到 F19 单元格是空的，那么 NPV 函数就会把 C19 单元格中的数值当作第一年的现金流量进行计算。

非经营性资产的市场价值和债务的市场价值都是从输入数据表中直接提取的。

本章开头介绍了一些涉及公司估值问题的情况，而上面介绍的这种公司估值模型最大的价值就是，无论遇到我们所讲到的哪种情况，估值模型都会给出一个比较合适的价格以指导后续操作。实际上，构建这种动态财务模型真正的好处是可以用来测试各种风险对 SVA 结果的影响，这样不仅能够确定公司提升股东价值的潜力究竟有多大，还能在业务如何驱动价值这个问题上提出自己的真知灼见。这将有助于明确尽职调查的重点。

计算五年竞争优势期期末的终值时，使用的就是永续增长法。实际上，更多的是使用更为简单的 EBITDA 倍数。在模型中很容易进行这项修改。

金多多金融投资译丛

序号	中文书名	英文书名	作者	定价	出版时间
1	如何吸引天使投资：投资人与创业者双向解密	Attracting Capital From Angels: How Their Money - and Their Experience - Can Help You Build a Successful Company	Brian E. Hill Dee Power	58.00	2013.6
2	并购之王：投行老狐狸深度披露企业并购内幕	Mergers & Acquisitions: An Insider's Guide to the Purchase and Sale of Middle Market Business Interests	Dennis J. Roberts	78.00	2014.5
3	投资银行：估值、杠杆收购、兼并与收购（原书第2版）	Investment Banking, Valuation, Leveraged Buyouts, and Mergers & Acquisitions(2nd Edition)	Joshua Rosenbaum Joshua Pearl	99.00	2014.10
4	投资银行练习手册	Investment Banking: Workbook	Joshua Rosenbaum Joshua Pearl	49.00	2014.10
5	投资银行精华讲义	Investment Banking: Focus Notes	Joshua Rosenbaum Joshua Pearl	49.00	2014.10
6	财务模型与估值：投行与私募股权实践指南	Financial Modeling and Valuation: A Practical Guide to Investment Banking and Private Equity	Paul Pignataro	68.00	2014.10
7	风险投资估值方法与案例	Venture Capital Valuation, + Website: Case Studies and Methodology	Lorenzo Carver	59.00	2015.1
8	亚洲财务黑洞	Asian Financial Statement Analysis: Detecting Financial Irregularities	Chinhwee Tan, Thomas R. Robinson	68.00	2015.4
9	大并购时代	Mergers and Acquisitions Strategy for Consolidations: Roll Up, Roll Out and Innovate for Superior Growth and Returns	Norman W. Hoffmann	69.00	2016.3
10	做空：最危险的交易	The Most Dangerous Trade	Richard Teitelbaum	59.00	2016.6
11	绿色国王	Le roi vert	Paul-Loup Sulitzer	49.90	2016.8
12	市场法估值	The Market Approach to Valuing Businesses	Shannon P. Pratt	79.00	2017.3
13	投行人生：摩根士丹利副主席的40年职业洞见	Unequaled : Tips for Building a Successful Career through Emotional Intelligence	James A. Runde	49.90	2017.5

序号	中文书名	英文书名	作者	定价	出版时间
14	公司估值（原书第2版）	The Financial Times Guide to Corporate Valuation (2nd Edition)	David Frykman, Jakob Tolleryd	49.00	2017.10
15	投资银行面试指南	The Technical Interview Guide to Investment Banking, +Website	Paul Pignataro	59.00	2017.11
16	并购、剥离与资产重组：投资银行和私募股权实践指南	Mergers, Acquisitions, Divestitures, and Other Restructurings	Paul Pignataro	69.00	2018.1
17	公司金融：金融工具、财务政策和估值方法的案例实践	Lessons in Corporate Finance: A Case Studies Approach to Financial Tools, Financial Policies, and Valuation	Paul Asquith, Lawrence A. Weiss	99.00	2018.1
18	财务模型：公司估值、兼并与收购、项目融资	Corporate and Project Finance Modeling: Theory and Practice	Edward Bodmer	109.00	2018.3
19	杠杆收购：投资银行和私募股权实践指南	Leveraged Buyouts, + Website: A Practical Guide to Investment Banking and Private Equity	Paul Pignataro	79.00	2018.4
20	证券分析师实践指南（经典版）	Best Practices for Equity Research Analysts: Essentials for Buy-Side and Sell-Side Analysts	James J. Valentine CFA	79.00	2018.6
21	私募帝国：全球PE巨头统治世界的真相（经典版）	The New Tycoons: Inside the Trillion Dollar Private Equity Industry that Owns Everything	Jason Kelly	69.90	2018.6
22	证券分析师进阶指南	Pitch the Perfect Investment: The Essential Guide to Winning on Wall Street	Paul D. Sonkin，Paul Johnson	139.00	2018.9
23	财务建模：设计、构建及应用的完整指南（原书第3版）	Building Financial Models	John S.Tjia	89.00	2020.1
24	财务模型实践指南（原书第3版）	Using Excel for Business and Financial Modeling	Danielle Stein Fairhurst	99.00	2020.2
25	7个财务模型：写给分析师、投资者和金融专业人士	7 Financial Models for Analysts, Investors and Finance Professionals	Paul Lower	69.00	2020.10